すべての人間関係の
秘密を解き明かす

「マヤ暦」で
わかる相性

Secret of the Mayan Calendar

Keiko Kida
木田景子

青春出版社

プロローグ

〝用意されていた出会い〟の意味に気づいてください

みなさま、こんにちは。一般社団法人ライブラリープランニング代表、マヤンレメディエグゼクティブプランナーの木田景子と申します。

17年にわたり、たくさんの方々に講座や個人診断などでお悩みを伺ってきましたが、

「彼のことをこのまま好きになってもよいのでしょうか？」
「道ならぬ恋をしているけれど、相手は将来をどう考えているのだろう？」
「子どもが全く言うことをきかない！　どうしたらいいの？」
「姑と顔を合わせてもギクシャクしていて……。どう接したら？」
「職場の人間関係が最悪。うまくいく方法はないでしょうか？」

などなど、ほとんどが人間関係に関することでした。

そこで本書ではマヤ暦を通じて、みなさまの本来の姿や人との関係性についてお伝えしていきたいと思います。

マヤ暦を知ることで人はみな一人ひとりが違う存在だということに気づけたとき、

相手を変えようとしてはいけないことにも気づくでしょう。

そして、その相手が自分にとってどんな意味のある存在であるのかを理解することで相手を受け入れることができ、心がラクになることでしょう。


そもそも、マヤ暦に「相性の良し悪し」はありません。

どんな出会いであっても、すべての出会いには意味があります。

宇宙はその人のためになる出会いを用意しているのです。

単なる相性の良し悪しで人間関係を決めてしまわず、その出会いを意味あるものにするための道しるべとして、マヤ暦を活用していっていただけるよう、心より願っております。

すべての人間関係の秘密を解き明かす
「マヤ暦」でわかる相性

目次

第2部 13の「銀河の音」で本当の姿を知る

第3部 「銀河の音」が示すあの人との関係

第4部 「紋章」が告げるあなたの能力

第5部
「銀河の音」と「紋章」でみる魂が輝く人間関係の築き方

企画協力　糸井浩
編集協力　長谷川華
本文デザイン　浦郷和美
本文DTP　森の印刷屋

第1部

幸せをもたらす「エネルギー」に合わせた生き方

マヤ暦でいう「銀河の音」について

「〇〇さんとはウマが合うけれど、△△さんとはどうもそりが合わない……」

みなさまにもこのような経験が一度はあると思います。

このような場合、〇〇さんとは相性がよくて、△△さんとは相性が悪いと捉えてしまうかもしれません。

しかし、マヤ暦ではもっと深いレベルで関係性を紐解きます。

そもそもマヤ暦では、銀河の中心から、13種類のパルス波（心電図でみられるような、パッ、パッ、パッとした断続的な波形）が毎日一つずつ地球に送られてきていると考えられています。

これが「銀河の音」です。

マヤ暦では、**人は生まれてきた日のエネルギーの影響を大きく受けている**と考え、

生まれた日の銀河の音を知ることは、その人の力や本質を知ることにつながります。

銀河の音には1から13までありますが、これは宇宙が創造されるためには、13の段階があるという考え方に基づいているもので、音は1から積み上げていき、13で完成するという考え方をします。

例えば、音1の人には意思を統一する能力や役割があり、真ん中の音7は、バランスを取る役割。そして音11で、積み上げてきたものを一度解体し、音12で再構築、音13で完成させるという流れがあります。音13の次は、再び音1に移行し、新しく創造の力が働きます。そしてそれぞれの音には、どの音がよくてどの音がよくないといった優劣は一切ありません。

それぞれの音の本質を知り、どんな音のエネルギーを持っているかを知ることで、人との上手な付き合い方もわかってくるでしょう。

その人の特徴と距離感をもっとも表しているのは「音」

自分の音を知ることは、自然や人間関係といった自分が置かれている環境の中で、周囲のどのようなエネルギーと共鳴するかを知ることでもあります。

なぜなら音は、振動によって起こるものだからです。音は空気を震わせること、つまり振動によってその存在を周囲に伝えます。そしてこの振動は、共鳴現象ともいわれるもので、音は共鳴させたものにしか響きません。

ですので、自分がどのようなものに共鳴するのか、どのようなものを共鳴させるのかを知ることは、自分を知ることにつながり、この先、自分がどういう方向で生きていけばよいのか、どのように生きていけばよいのか、それを知ることにもつながっていきます。

人は一人で生きているのではありません。直接的にはかかわらなくても多くの人に助けられ、それぞれの人との関係性の中で暮らしています。私たちは人とのかかわりをなくして生きていくことは不可能に近いでしょう。

そして、人とのかかわりで大切なものの一つが、相手の「音」を知ることです。自分の音を知ることももちろんですが、ぜひ自分の周りの人がもつ音にも意識を向けてみましょう。

マヤ暦では、音を「波長」と捉えています。

自分の音と同じ音を持って生まれてきている人とは、共鳴現象が起こります。そのため、その人とは、波長が合うので気が合いやすいでしょう。

また、楽器が奏でる音には、和音があるように、同じ音でなくても波長が合う音もあります。逆に不協和音のように、波長が合いにくい音もあります。

どちらかというと、人と人との距離感を表しているのが「音」であり、この13の音の持つ特性が分かれば、相手と自分との関係をみることができるのです。

また、相手との関係だけではありません。13の音にはそれぞれ意味があります。そのため、この音の人には、どう接すればよいかということも知ることができるでしょう。そして自分の波長とは合いにくい人へのアプローチ方法も読み解くことができるのです。

自分と相手の音の関係性をみることで、例えば本来は距離を置いたほうがうまくいくのに、近くに寄りすぎてうまくいっていないことがわかったり、自分をサポートしてくれる音を持つ人を知っていれば、気分がラクになったりもするでしょう。

ぜひこういった音の特性を知ることで、あなたとあなたの周囲の人との関係をよりスムーズなものにし、あなたの人生自体を明るく輝かしいものにしていってください。もし、今、自分が生きづらいと感じているなら、それはあなたが周りの人やものとうまく共鳴できていないということかもしれません。もしくは本来奏でるべき音に気づいていないのかもしれません。

本来の自分が奏でる音を知り、周囲と共鳴することができれば、人生のハーモニー

を楽しく奏でることができるでしょう。

例えば、音１の人は意思を決定する能力と役割があります。

もし、あなたが音１だとすれば、仕事でプロジェクトリーダーに立候補をしたり、プライベートでも、友人との食事会を企画したりするなど、音１の特性に合った行動を意識するとよいでしょう。本来の自分の役割に沿った生き方ができた時に、たくさんのシンクロが起きるでしょう。

しかし、音５や音10のようなバックアップ型の人は、どちらかというと先頭をきっていくより、縁の下の力持ち的存在でいたほうが能力を発揮しやすいでしょう。

このように、自分の「音」を知ることは、生きやすい人生を送るうえでも、とても大切なことなのです。

「音」の質を上げると付き合う人も変わる

ド・レ・ミ・ファ・ソ・ラ・シ・ドは、音楽で使われる音階です。でも、最初のドと最後のドでは同じドでも、1オクターブ違います。

銀河の音にも、このドレミのように、同じ音でも高い・低いがあります。同じ音を持っていても、素晴らしい考え方を持っている人もいれば、偽りの自分を生き、トラブルが多い人もいます。

同じ音なのに、どうして違いがでてきてしまうのでしょうか？これが、**音の中にも高低差がある**ということなのです。ぜひ、音を高める生き方を目指していただきたいと思います。

テンションやモチベーションが下がってしまった時に、「トーンダウン」という言い方をしますが、まさに、トーン、これが音の高低差を表す言葉です。

誰しもトーンが下がることはあります。しかし、音が下がるのが悪いことなのではなく、音が下がった時に、今、自分は下がっているなと自覚することが大切なのです。なぜなら、自覚をすることで対処ができるからです。

そういう時は、お気に入りの場所や神社など自分の気分が上がる場所に行ったり、好きな服を着てショッピングに行くなどして、自らトーンを上げる行動をするとよいでしょう。

このように、自分のトーンが下がっている状態か、上がっている状態なのかを自覚できるかどうかは、とても重要なことなのです。

自分のトーンが上がっている時は、自分の周りに集まってくる人や出会いも良いものとなるでしょう。まず言えるのは、人間関係のトラブルが少なくなります。

なぜなら、人は、同じトーンの人と出会いやすくなるからです。自分が高い位置にいれば、自然とトーンの高い人たちが周りに集まってきて、心地よい人たちと出会うようになるでしょう。当然、トラブルを招きやすい、低いトーンの人との出会いは少なくなります。

トーンが上がれば、心地よい音が出ます。そうすると、その音にひかれて、同じように心地よい人が集まります。

いっぽうで、トーンが下がっている時は利己主義的な人と遭遇しやすくなるため、どうしてもトラブルが増えることがあるでしょう。


では、トーンを上げるには、どうしたらよいのでしょうか？

それは、意識を変えることです。視点をもっと高いところに持ち、視野を広くすることです。そして、利己主義な考え方をできるだけ控えて、相手と良いハーモニーが奏でられるよう調整してみましょう。


誰かのため、みんなのためを思って行動を起こしたり、自分と違う考えの人に対しても尊重する姿勢を持ってみる。そういう人が、自分を高めることができ、トーンを上げることができるのだと思います。

相性に良い悪いはない

マヤ暦にあるのは、占い的要素だけではありません。**自分が生まれた時に、どんなエネルギーを宇宙から受け取ったか、そして、今日という日は、どんなエネルギーが流れているか、それを教えてくれるのがマヤ暦**です。

こういったエネルギー、さらには周囲と自分との関係を紐解き理解していくことは、自分の役割を自覚することや、今日自分が取るべき行動の道しるべとして役立ちます。そしてそれらを知ることによって、本来の自分を取り戻して生きることができるのです。

ですので、他の占いのような吉凶があるわけではありません。自分と相手の関係性においても、相性が良い、相性が悪いという言い方をマヤ暦ではしていません。

確かに**音によって、波長が合う、合わないはありますが、それが相性の良し悪しにつながるわけでは決してありません。**

「良い」「悪い」を決めるのは、あくまでその人自身の主観です。

例えば、恋人に振られたとしても、それを「もっといい人と出会うかもしれない」「仕事に打ち込んで、スキルアップするチャンスだ」と考えることができる人は、振られたという出来事を「良い」ことに変えることができます。

本来なら、そこにあるのは「振られた」という事実だけのはずです。それに意味を持たせているのは自分なのですから。もちろんショックな出来事には変わりありませんが……。

他にも「試験に落ちた」「病気になった」「離婚した」など、傍から見れば一見「悪い」出来事に見えるかもしれませんが、それが人生の転機となり、その後の人生が良くなったとすれば、その出来事は、その人にとって意味のある出来事なのではないでしょうか。

相性に関しても同じです。

マヤ暦が示しているのは、2人の関係性という事実だけです。

例えば、恋人の音をみてみると自分とは波長が合わなかったり、関係性がないという場合もあるでしょう。しかしそれは、2人の相性が悪いとか、別れたほうがよいということを示しているわけではありません。四六時中べったりと一緒にいる関係よりも、仕事や趣味など自分の時間も大切にするような付き合い方のほうが、お互いにとってストレスがたまらずうまくいくということを示しているのです。

まずは、**相手の考え方を尊重することが大切**です。人はみな違うものだからこそ、違うものと違うものを合わせることで、どうすれば良いものを作り上げていくことができるのかを考えましょうというのが、マヤ暦の考え方のベースにあるのです。

マヤ暦は私たちに相性の良し悪しを教えてくれるのではなく、考え方のヒントや、気づきを与えてくれるものなのです。

そして音や紋章などを使って自分の持っているエネルギーを知ることで、2人の役割や関係性が分かります。その結果、今まで悩んでいたことがマヤ暦と結び付き、すとんと腑《ふ》に落ちるかもしれません。

また、２人に関係性がない場合は、それを補うような関係性を持った人が現れたりすることも多々あります。思わぬ人がトラブルを解消してくれたり、恋のキューピッドになってくれたり……。自分と相手だけでなく、周囲をとりまく人々との関係性も一緒にみていくと、さらなる気づきがあることでしょう。

コラム １

約４０００年にわたって受け継がれてきた「マヤ暦」

マヤ暦という言葉は何となく聞いたことがあっても、それが何かをきちんと知っている人はまだまだ少ないのではないでしょうか。

マヤ暦とは、一言でいうとマヤ民族が使っていた暦のことです。

今から約４０００年前、メキシコやグアテマラあたりの中南米のジャングルの中に住んでいた部族が築いたものがマヤ文明です。

しかし、マヤ民族は、ある日忽然《こつぜん》と姿を消したと言われ、長い間謎に秘められていました。彼らがわずかに残した絵文書や、石に刻まれた文字を読み解くうちに、次第にマヤ民族が天文学や数学に長けていた民族であることが分かってきました。

マヤ民族は、約17種類の精密な暦を自分たちで作成し、それをもとに生活をしていたそうです。これらの暦には、約5125年周期の長期暦、約256年周期の短期暦など、さまざまな周期の暦があり、彼らはそれらを駆使していました。その中でもマヤの神官たちが使っていた、260日周期の暦を「神聖暦（ツォルキン暦）」と呼んでいます。

マヤ暦では、この260日周期の260日それぞれの日に違うエネルギーが流れており、私たちは生まれた日のエネルギーに大きく支配されていると考えられています。そして、このエネルギーを知ることによって、自分本来の姿が分かるのです。

今の日本では「マヤ暦」と言うと、この神聖暦（ツォルキン暦）を指すことが一般的です。そのため、本書でも神聖暦（ツォルキン暦）のことをマヤ暦といい、これをもとにして、お互いの関係性を紐解いていきます。

第 2 部

13の「銀河の音」で本当の姿を知る

13ある「銀河の音」

ここからは1から13までの銀河の音の持つエネルギーについてご紹介していきます。生年月日を使って、184ページからの早見表でご自身の持つ銀河の音が何なのか割り出してみましょう。

自分の音の解説を読んでいただくと、本来のあなたの本質や力が見えてくるでしょう。もし、書いてあることがちょっと違うなと感じたとしても、自分はこうなのだと決めつけず、もしかしたらこんな一面もあるのかもしれないなと、自分の可能性を楽しんでみてください。

ほかの音の解説も合わせて読んでいただくことで、家族や同僚など気になっている人の知らなかった本質に気付くかもしれません。そして、相手との距離感もつかみやすくなることと思います。

音1

即断即決で迷いのないリーダータイプのあなた。分け隔てなく、すべてを受け入れることでより高みへと引き上げます

有名人 ▶ ペ・ヨンジュン、松田聖子、松田優作、原辰徳、市川海老蔵、ダライ・ラマ、美輪明宏、小池百合子、滝沢秀明、壇密

数字の意味（数字の特徴）

音1は「受容」がキーワードです。「1」という数字は分けることができない数字。1は1でしかありません。音1の人は「分けることなく、すべてを受け入れる」という気持ちを大切にしましょう。

音1には、「一体」という意味もあります。マヤでは自分とすべてのものに一切境目はなく、つながっていると考えられていました。「私とあなたは一体」と考えることができるので、目の前で起きる出来事も、すべて自分とつながっていると思うようにするとよいでしょう。

また、音1の人は、第4部から紹介する「太陽の紋章」と「ウェイブスペル」が一緒です。これは、顕在意識と潜在意識が同じという意味で、裏表のない、分かりやすい人ということです。そして音1の日はそのサイクルのスタートの日。意志を統一しやすい日でもありますので意志を決定し、宣言して心に刻みつけるとよいでしょう。

特徴（性格）

音1の人は、裏表がないのが特徴です。見たままの人ということです。

自分を着飾ったり、見栄を張ったり、内心では快く思っていなくても、ニコニコと笑顔で対応する、といったような処世術は苦手ですので、生き方としては不器用なところもあるでしょう。

思ったことをすぐに言ってしまったり、感情がすぐに顔に出てしまうため、周囲から見れば、「もうちょっと隠しておけばいいのに」とか、「言わなければいいのに」と思われることもしばしば。

とはいえ、嘘をつくのが苦手な正直な方で、隠しごともしないので人からは信頼されやすくなるでしょう。

また、顕在意識も潜在意識も一緒ですので、迷いがありません。意志を統一することができるので、決断力があるのも特徴の一つです。

人間関係

基本的な性格として、裏表がありませんので関係がうまく築ける人とはうまくいきますが、そうではない人には、言わなくてもいいことをつい言ってしまい、相手とぶつかってしまうこともあるでしょう。

自分は思ったことを口にしただけなのに、相手からしてみれば、「なんで、そこまで言われなくちゃいけないの？」となってしまうのです。

無用な衝突を避けるには、その場の空気を読むことも大切になってきます。状況を感じ取ることをもう少し意識するようにするとよいでしょう。

できるだけ先入観を持たずに、新鮮な目で相手を見るように心がけましょう。相手のことを受け入れられないという時は、相手のマイナス面を無理に受け入れようとしなくてもかまいません。長所に目を向けて接するようにしてみましょう。

分け隔てなく、相手と接することができれば、人間関係もスムーズに運ぶことができるでしょう。

仕事

音1の人は、決断力があります。迷いがなく、スパッと決断をするので、周囲からの信頼も得られるでしょう。

他にも、会社の中でプロジェクトリーダーになったり、何かを任され、責任ある立場にたつことで、力を発揮することができます。仲間との一体感を意識することで、さらにエネルギーが高まります。苦手だなと思う人でも、その人の良い部分を見つけて認めることができれば、チームワークもよくなり、仕事で大きな結果を出すことができるでしょう。

また、音1の人は、人と自分を比べると、パフォーマンスが低下してしまいます。人と自分を比べて、自分は仕事ができないと落ち込んだりしないように。

自分の成長を第一に考え、自分の軸をしっかりと持つことが大切です。そして、仕事の結果に対しても、自分で責任を持つという心構えで取り組むとよいでしょう。

恋愛

音1の人には、「引きつける力」というキーワードも含まれています。そのため、自分の精神状態や、エネルギーが高ければ、同じように良い相手を引き寄せることができます。常に自分の状態で付き合う人が変わっていくでしょう。

浪費家や浮気ばかりする人など、いわゆるダメな人を選んでしまった場合も、自分の責任になります。ですので良い出会いを持つためにも、日頃から自分をしっかり高めておくことが大切です。

音1の人は、恋愛の駆け引きが苦手。「好き」と思ったら、素直に連絡をして、気持ちを伝えるほうがうまくいきます。誰かから告白された場合は、まずは付き合ってみるのもありです。

恋愛では、相手の嫌なところばかり見つけるのではなく、良いところを見つけることが大切です。

そしてその人を引き寄せた責任は自分にあるのだということをわかっておきましょう。

音2 ›

**分ける力に長けているあなた。
迷いや葛藤を抱えたときこそが
飛躍のときです**

有名人 ▸ 渡辺謙、松本人志、安室奈美恵、浜崎あゆみ、福山雅治、奥田民生、橋下徹、ダルビッシュ有、荒川静香、デビッド・ベッカム、江角マキコ、米倉涼子

数字の意味（数字の特徴）

音2は、2つに分ける、二極化する、分離するという意味を持っています。1という数字は分けることができませんが、2であれば分けることができるようになります。

そのため、音2の人には、分ける力、分別する力が備わっています。すべてにおいて、白黒をはっきりつけたいと思うのが音2の人です。ですので、極端なものを好む傾向もあります。さらに何かを選択する時には、直感が働くことも多く、勘も冴えています。

一方で、世の中の出来事はすべて白黒分けることなどできません。そのため、音2の人は、誰よりも迷いや葛藤を抱えてしまう傾向があります。

白でもない、黒でもない、グレーがあってもよいと考えることができれば、葛藤も少なくなり、ラクに生きていくことができるでしょう。

特徴（性格）

音2の人は、白黒はっきりとさせたいタイプです。しかし、意外と2つのことで迷ってしまったり、最後の最後で優柔不断になってしまうところがあります。

そしてライバルや競争相手がいればいるほど燃えるタイプでもあります。人生ののんびりできないようになっていて、次から次へと乗り越えなければならない課題が出てくるでしょう。

これは、音2の人には、それを乗り越える強いエネルギーと努力を惜しまない不屈さを兼ね備えているからです。ですので、困難や課題を克服するたびに成長することができます。

心に迷いを感じたり、葛藤を感じたりすることがあれば、スポーツなど体を動かして発散させるとよいでしょう。また、迷うことは悪いことではないというふうに意識を変えることも時には必要です。

人間関係

すべてに白黒つけたい音2の人は、人間関係においても分けるということをしがちです。自分と相手の間に境界線を引いてしまったりして、分離意識を持ちやすいところもあります。

特に人への批判は、的を射ていることも多いので、相手にとってはきつく感じることもあるでしょう。そのため、思わぬ敵を作ってしまうこともしばしばあるかもしれません。

音2の人にとっては、うやむやの関係や、曖昧な状態は逆にストレスを感じてしまいます。

自分に意見を言うような人は容赦なく切り捨て、最終的には周囲にイエスマンしか残さないということにもなりかねません。そういった人間関係は、自分の成長にはプラスになりませんので注意が必要です。できれば、お互いを高められるような刺激しあえるライバルを持つようにするとよいでしょう。

仕事

悩みや葛藤を常に抱えていますが、基本的には才能にあふれている人でしょう。そして葛藤は、エネルギーの塊でもあります。葛藤があるからこそ、エネルギーを仕事にぶつけたり、音楽やスポーツにぶつけたりすることができるのです。そうして、人並み以上の能力を発揮して、プロになる人も多くいます。

芸術、音楽、スポーツなどの分野で活躍することも向いていますが、「挑戦」というキーワードを持っているので、大きなプロジェクトに挑戦したり、商品開発をしたりするのもよいでしょう。仕事においても、よきライバルを持つことで能力を最大限に引き出すことができます。

守りに入るとエネルギーが弱まりますので、人の上に立った時も常に何かに挑戦している姿を見せることで、部下や仕事仲間からも支持を得ることができるでしょう。

恋愛

はっきりとものを言うところがありますので、女性の場合は男性からきついと思われてしまうこともあるかもしれません。特に注意したいのは、他の人との比較です。前の彼氏や、友達の彼氏、男友達と比べたり、批判するようなことはできるだけ控えるようにしましょう。

また、恋愛相手に対しても「負けたくない」と、強く出てしまうところがあります。浮気の疑いがあろうものなら、白黒はっきりさせようとして、余計に関係がギクシャクしてしまうなんてことも。

外では緊張感を持って張りつめているところがありますので、家ではのんびりリラックスできる関係を求めているかも。ぜひ、安らげる時間を作ってあげるとよいでしょう。

2は、夫婦仲を象徴する数字でもあるので、お互いを尊重し合いながら言いたいことが言えるようなパートナー関係を目指すとよいでしょう。

音３ ›

●●●

〝つなげる〟役割を担っているあなた。
新しい世界でどんどん経験を積むことで
ワンランク上のステージへ

有名人 ▶ 中居正広、中島美嘉、宮崎あおい、明石家さんま、藤原紀香、矢部浩之、三谷幸喜、西郷隆盛、高橋尚子、松井秀喜、田中将大

数字の意味（数字の特徴）

音3は、「くっつける」「つなげる」という意味があり、人やものを結ぶという意味と、終結の「結」のように、物事を終わらせるという2つの意味を持ち合わせています。

1と1をくっつけて2になり、その2に1つ加わった3は、仲介役、調整役という位置付けにあります。第三者としての役割も持ち、異なる視点から物事を見ることができるので、重宝がられる存在でもあります。

そんな存在になるためのカギが「未知体験」です。なぜなら、まだ自分が体験したことがないものや見たことがないものを受け入れることで、視野が広くなるからです。未知の体験をたくさん経験しておくことで、異なった分野のものをつなげ、新たなものを生み出していくことができます。

また、常に誰かの役に立ちたいという奉仕の精神を持った素直さがあるのも音3の人の特徴です。

特徴（性格）

音3は、素直な人が多いため、人に好かれやすく、奉仕の精神に溢れています。

また、周囲に対して細やかな気配りもできる人です。喧嘩をしている人の間を取り持つようなことも得意です。強引に仲介するというよりも、波風を立てずに、まとめることができます。

表だって「私が、私が」と出るタイプではありませんが、感情が穏やかで安定しているので、誰からも好かれるのも特徴の一つ。

どちらかというと、一人で何かするというよりも、周囲と一緒に協力してやりたいという想いが強い人でしょう。

何事に対しても堅実な考えで、安定感があり、周囲からの信頼も厚いところがあります。

人間関係

あまりガツガツしたところがなく、素直さもあり、あっさりとしているタイプですので、人間関係の潤滑油になれる人です。

この音の人は、13ある音の中で、人間関係が一番スムーズです。

調整役としての立ち位置が上手で、人と人とをうまく結ぶことができる人ですので、サークル活動や、グループ付き合いが上手だった人も多いことでしょう。

自分から趣味のサークルや、勉強会のサークルなどを主催するようなタイプではありませんが、多種多様なコミュニティーになじむことができます。

人間関係に悩んで足が遠のいてしまうということも少ないですので、ぜひ、積極的に、いろいろなサークルやコミュニティーに顔を出して見聞を広めるようにしてください。大切なことは、いかに協力体制を作っていけるかです。できるだけ協調の姿勢を大切にしていきましょう。

仕事

音3の人は、客観的に第三者的な立場で物事をみることができます。そのため、人材紹介会社や、マッチングサイト、仲人さんやウエディング関係などの仕事もよいでしょう。また、組織内の調整役もぴったりです。

この音の人は、実際に体験をすることで、仕事を覚えていくので、少しでも興味がある仕事であれば、まずは体験してみることが大切です。実際に仕事を経験していくうちに、その仕事が天職となっていくこともあるでしょう。

また、1人で黙々と仕事をしていると行き詰まってしまいがちです。1人で頑張ろうとするのではなく、組織の中やチームで協力体制をしいたほうがよいでしょう。自分の役割分担を決めて仕事をしたほうが、大きな成功を得ることができます。

起業をする場合は、協力企業や協賛をつのったり、協力者に助けられることも多いでしょう。

恋愛

恋愛においては、人とのつながりをとても大切にする人ですので、キューピッド役をつとめることも多いかもしれません。

とはいえ、合コンや飲み会など、みんなをつなげるために幹事を積極的に引き受けるようにすると、そこでの出会いが実を結ぶことでしょう。

また、音3の人は、1対1でデートをするよりも、グループでデートをしたほうが、あなたの魅力が引き出されます。特に、バーベキューや登山のような共同作業から恋愛に発展しやすいタイプです。

音3の女性は、彼を引っ張っていくタイプではなく、彼に従うような恋愛スタイルを好みます。

男性の場合も、「オレについて来い」というタイプではありませんので、音3の男性を好きになった時は、告白を待つのではなく、思い切って自分からアプローチするほうがうまくいきやすいかもしれません。

音4 › [redacted]

職人的で玄人肌。一つのことを探究していくあなた。
深く掘り下げていくことで、
さらなる安定感を持つようになるでしょう

有名人 ▸ イチロー、香取慎吾、草彅剛、上戸彩、本木雅弘、亀田興毅、バラク・オバマ、ビル・クリントン、小沢一郎、坂本龍馬、有吉弘行

数字の意味（数字の特徴）

数字の順番でいきますと、1は唯一無二。2は2人組のユニット。3が1と1をつなげる役割を持ち、4で深掘りすることで、非常に安定感を持つようになります。

私たちの身の回りにも4という数字がたくさんあります。

例えば、部屋には4隅があり、テーブル、椅子などの脚、車のタイヤも4本。起承転結、春夏秋冬、東西南北なども4。マヤ暦とは少し離れますが、数秘術でも、4は安定を表しています。そのため、音4の人が出す波長は、相手に安心感を与えるのです。

4は深掘りをしていく段階ですので、どちらかというとあれやこれやと手を出すのではなく、一つの道を究めていく生き方が良いでしょう。

究めることができるものは、やはり自分の好きなものや興味のあるものだけ。まず好きなものから取り組んでいくようにしましょう。

特徴（性格）

音４の人は、どちらかというと少し頑固な職人タイプ。微妙な違いも見分けられる、鋭い感性を持っています。これは一つのことを、深く追求していくことで得られる力です。

また、４には「計測する」「定義する」というキーワードもあり、道を究めることで、計測や経験に基づいた予知能力のようなものを身に付けることができます。

例えばイチローはよく、ダイビングキャッチをしてボールを取ったりしますが、ああいったことは、正しい予測がなされていないとできないことです。決してまぐれではないのです。

究めているからこそ、どこにボールが落ちるか、微妙に違う軌道を一瞬で予測をし、グローブを出しているのです。

何かを究めることで、自分の力でさまざまな成功を勝ち取ることができるのも音４の能力です。

人間関係

音４の人は、一つのことに対して、深く掘り下げ、スペシャリストになる人が多いようです。そのため、広く浅く付き合うよりも、専門的な人と深く付き合うことをオススメします。

「○○のことなら、あの人に聞けば大丈夫だよね」と、周りの人から頼りにされることも多いことでしょう。

自分が追求をしはじめると、そうではない人に対して、ちょっと厳しい目で見てしまいがちです。自分と同じ能力を人に要求するのではなく、自分が得たものを分かりやすく伝えるようにすると、人間関係もうまくいきます。

また、ぶれない性格で周囲からの信頼を得やすいのも魅力の一つです。

紛争を解決する能力がありますので、ケンカの仲裁役なども適しているでしょう。

仕事

音4の人は、一つのことを究めていく玄人肌です。しかし、好きなことでないと、なかなか究めることはできません。そのため仕事は、少しでも自分の好きなもの、興味があるものを選ぶとよいでしょう。

給料や、通勤時間、残業の有無といった条件で絞るのではなく、本当に自分がやりたいことを選ぶのが理想です。なぜなら、興味がないことをやり続けることは、音4の人にとって大きなストレスとなり、辛くなってしまうからです。

また、音4の人は、「四方八方」という言葉があるように、あらゆるものに関心を持ちやすいところがあります。

あれもいいな、これもやりたいという気持ちが他の人より強いかもしれません。もちろん、いろいろなことをやってみるのはいいのですが、どれも中途半端に終わらせるのではなく、その中から、本当に好きなものに絞っていくことが大切です。

恋愛

音4の人は、相手が持っている本質を冷静に見抜く力があります。そのため、その時のノリで盛り上がるようなことはせず、じっくりと相手の中身を見定めてから付き合うタイプでしょう。

音4の人は、その人自体が周りに安心感を与えますが、恋愛相手にも安心感や安定を求める人が多いようです。

例えば、音4の人が一見派手な遊び人タイプのような人でも、同じような派手な人ではなく、周りが意外に思うような地味でおとなしい人を選んだり、落ち着いた年上の人を選ぶことが多いようです。

音4の人には、任せて安心できるような相手のほうが、恋愛も長続きするようです。

ただし、「安定を得られない」と見切りをつけてしまうと、意外とあっさり別れてしまうことも。しかし、ひとたび安定を得られれば、その人一筋となり、大切な人を守る気持ちが強くなるでしょう。

音５ ›

並外れた底力を持っているあなた。
高めの目標を設定することで、
エネルギーの高まりを感じられるでしょう

有名人 ▸ 笑福亭鶴瓶、稲葉浩志、井上真央、寺島しのぶ、石橋貴明、仲間由紀恵、三木谷浩史、ビル・ゲイツ、役所広司

数字の意味（数字の特徴）

マヤ暦の表記では、音5は横棒1本で表します。つまり、この棒は、中心や基盤を意味しています。音5には、中心を定めるという役割があるのです。

ですので、音5の人は定期的に自分の目標は何なのか。これから何をしていきたいのかについて、できるだけ具体的に書き出してみるようにするとよいでしょう。

自分の芯になるものがないとぶれやすいところがありますが、目標が定まると、倍以上の力を発揮できるのが音5の人の特徴です。多少、厳しい環境でも目標の達成に向けて、やり抜く底力も備えています。

また、上司などからの指令や命令を忠実にこなすことができるのも音5の特徴です。特にスピードを早めることでエネルギーが高まり、より高いパフォーマンスを発揮することができるでしょう。

特徴（性格）

音5の人は、中心的な立場に立つ人が多いのですが、これは決してリーダーというわけではありません。リーダーとは先頭に立つ人のことですので、音5の人が担う中心的な立場とは少し意味合いが違ってきます。輪の中心にいるのが音5ですので、意外と外からは見えません。ですので、控えめな人が多いのです。しかし、見えないところにいても、中心人物であるため、建物の中の重要なボルトのように、組織の中で必要不可欠な人材なのです。

責任感が強く、あらゆる物事に対しても、真剣に取り組む性格でもあります。

しかし、音5の人は、中心を定めておかないと、考え方や行動がぶれやすいところがあります。目標が定まらないと、何もしないまま1日が終わってしまうということも。朝、今日することをリスト化して書き出しておくと、1日を充実させることができるでしょう。

人間関係

控えめでのんびり屋なところがあるため、やる事を決めておかないと、ぼーっと過ごしてしまいがち。そのため、周囲の人から怠け者と思われてしまうことも。また、オンオフの差が激しく、やる気がある日は仕事もプライベートもどんどんこなしていきますが、オフモードになると、のんびり構えてしまい、周囲に迷惑をかけることも……。

人生は有限です。時間に限りがありますので、人生の中でスイッチオンの時間をできるだけ長く持つようにしましょう。

音5の人は、実は誰よりも「やるときはやる」という底力を秘めています。特に他の人に、「これをやっておいて」と頼まれることで、真摯に取り組み、周囲からの評価を上げることもできるでしょう。周囲からの頼まれごとにきっちり応えることは、信頼関係の構築にもつながっていきます。ぜひ自ら積極的に動くようにするとよいでしょう。

仕事

音5の人が仕事で成果を出すために一番大切なことは、高めの目標設定を持つことです。

そして、次に意識したいのはスピードです。音5の人は、スピードを上げることで、波に乗っていくことができます。

意識的にスイッチをオンの状態にし、仕事ひとつひとつの処理スピードを上げていくようにしましょう。メールの返信や、レポートなどもすぐに仕上げるようにしたり、前倒しで処理をすることで、仕事が進みます。

また、追い詰められないとなかなか力が出せないタイプですので、音5の人には、仕事の締め切りを早めて伝えるのもポイントかもしれません。

どちらかというとゆったりとした職場よりも、少しハードな環境のほうが自分の力を発揮しやすいでしょう。

恋愛

音5の人は、恋愛に対しても、自分から積極的にいくようなタイプではありません。好きな人ができても、「私なんか」と遠慮しがちな人も多いです。

もし、恋愛を成就させたいなら、恋愛に対しても細かい目標を持つようにするとよいでしょう。今週中にデートに誘う、今月中に告白をするというように決めることで、勇気がわいてくるはずです。

また、結婚を考えている人がいる場合も、何歳までに結婚するといった人生のある程度の目標を立てるとよいでしょう。

音5の人を好きになった場合は、相手からの連絡や告白を待っていても、思うように前に進むことは難しいかもしれません。

お互いに好感触であれば、こちらから少し強引なぐらいに連絡するほうがうまくいくでしょう。

音6 ›

周囲に惑わされないマイペースさを持っているあなた。
不意に訪れる〝動揺〟に
人生の転機が隠されているかも

有名人 ▸ つんく♂、山口智子、タモリ、ベッキー、石原慎太郎、広末涼子、辻井伸行、深津絵里

数字の意味（数字の特徴）

マヤ暦では、1は、点1個、6は横棒1本と点1個、11は横棒2本と点1個で表すことから、音6と音11の人は、点1個の音1の人と似ている波長があります。

ですので、音1、音6、音11の人は、自分というものをしっかりと持っている人が多いです。

あまり人に合わせるタイプではなく、どちらかというとマイペース。本人に悪気はなく、合わせるという機能がついていないといった表現のほうがいいかもしれません。自分の世界観を持ち、周りの意見に惑わされることも少ないでしょう。

何事にも動じず、自分のペースで生きているところがあります。そのため、他の人からみると、時にわがままにみえてしまうことが損な状況を生み出すかもしれません。

特徴（性格）

13ある音の中で、一番マイペースなのが音6の人です。自分のペースで物事を進めるため、周囲に合わせようとか、周囲に惑わされることは、ほとんどありません。冷静沈着な性格と言ってもよいでしょう。

もちろん、それでも動じることはあるのですが、動じていることを態度に出したり、人に見せてはいけないと思っている節があります。

例えば、ピンチに遭遇した時は、一瞬は動揺します。しかし、すぐに平常心に戻ることができ、沈着冷静に対処することができるのがこの音の特徴なのです。

このように音6の人は、他人の影響を、普段からあまり受けませんが、もし、動じるぐらいの大きな出来事があった場合は、人生の転機や節目となることが多いでしょう。そしてその動揺が、音6の人に気づきを与え、それらの課題を乗り越えることで、新しい道を開いていくのです。

人間関係

音6の人は、人に対して平等で、横のつながりを大切にする人です。地位や職歴、学歴といったことで人を判断するようなことはしないでしょう。

相手が有名人であっても、動じることなく平常心で話すことができます。

例えば、偉い人の前で、不必要にペコペコする人がいますが、音6の人は、ペコペコしたり、されることも苦手です。

また目下の人であっても、相手を尊重し、対等に接しますので、誰とでも分け隔てなく付き合うことができるでしょう。

ただ、目上の方にも対等に接しがちですので、時に生意気にみられることがあるかもしれません。マイペースなため、特定の人との密着が苦手ですので冷たいと思われないよう相手に寄り添うことも大切です。心から尊敬できる人との出会いが人生の転機になるでしょう。

仕事

音6の人は、組織の中で仕事をしていても、周囲の人に無理に自分を合わせようとせず、自分のペースで仕事をします。ですので、個人事業主など、自分の采配で仕事ができるものにも向いています。

接客業や営業などで人に媚を売ったり、ご機嫌を伺うような働き方は苦手ですが、自分がよいと思う商品のすばらしさを伝える情熱は飛びぬけています。

会社でも上司や部下、同僚とはあまりベタベタした付き合いは好まない傾向にあります。仕事帰りに、会社の人に飲みに誘われても断るようなところがあります。決して無理して行く必要はありませんが、誘ってくれたことに対して、感謝の気持ちを表すようにすると、社内の人間関係もうまくいきます。

少し頑固なところもあり、時に自分の意見を押し付けてしまいがち。自分の考えを通そうとするのではなく、聞く耳を持つようにするとよいでしょう。

恋愛

音6の人は、恋愛もマイペースです。1日に何回もメールをしたり、毎日会うというような関係は苦手です。

とはいえ、自分が会いたい時は、毎日、時間も関係なく会いたいと思い、仕事や他のことで頭がいっぱいの時は、1週間、2週間と連絡をとらなくても平気です。

自分のペースが大切ですので、相手が理解してくれる場合は、その恋愛スタイルでも大丈夫ですが、時には相手の気持ちを考え、相手の立場にたつことも必要です。

恋愛を長続きさせるためには、相手を尊重すること、思いやりの気持ちを持つことが大切です。相手に会いたいと言われた時は、時間を作る努力も関係を維持するためには必要なことを忘れてはいけません。

音7

**鋭い五感と第六感を持っているあなた。
プラスの思いをもつようにすることで
宇宙が味方してくれます**

有名人 ▶ モーガン・フリーマン、モーツァルト、宮崎駿、テリー伊藤、岡村隆史、和田アキ子、長澤まさみ、武田鉄矢、桜井和寿、孫正義、藤田田、浅田真央、夏目漱石、マイケル・ジョーダン、ウラジーミル・プーチン

数字の意味（数字の特徴）

音7は、音1~13の真ん中に存在します。13個の数字の中心にあたるのでバランスを取る調整役という意味があります。

マヤ暦では、自分と違う部分や反対の部分を持っている人、つまりお互いにない能力を補い合う関係にある人は、自分の音と足して14になる人です。例えば音1の人は音13、音2の人は音12の人がその関係にあたります。

この場合、音7の人が補い合う関係にあるのは、足して14になる音7、つまり自分自身になります。自分の中にいる反対の自分がタッグを組むことができるのが特徴です。まさに音7は「自己完結型」の側面を持ち合わせているのです。

その一方で、両極端な自分に、自分で自分のことがよく分からなくなってしまうケースもあります。そういうところからくる謎めいた部分があるため、音7の人は、神秘的な人が多いようです。

特徴（性格）

音7の人は、自分の中にもう一人の自分がいるような感じですので、常に自分探しをしているようなところがあります。

「私って、何者なんだろう」というように、自分で自分がよく分からないという人も多いようです。

マヤ暦では、7という数字に「神秘」という意味もあるため、自分自身が謎めいてみえてしまうのかもしれません。

考え込むと迷路にはまったようになり、なかなか抜け出せなくなるので、そういう時は信頼できる人に相談してみることをオススメします。

考えるのではなく、感覚を大切にして、意識をどこに向けるか、できるだけ良いものに意識を向けていくようにしましょう。

人間関係

音7の人はアンテナが高く、自然と情報が集まる傾向にあります。

そのため、たくさんの情報が入ってきてしまい、それに振り回されてしまうことも。いろいろな人から、さまざまな情報が入ってきますが、情報の取捨選択が正しくできれば波に乗れるでしょう。

また、自分が何にフォーカスするかで集まってくる人が変わります。

音7は真ん中にあたりますので、できるだけニュートラルな姿勢を大切にして、人のことを決めつけたりしないように気をつけましょう。

元々、音7の人には第六感をキャッチできる鋭い直感がありますので、できるだけ良いものに心を向けるようにすると人間関係もスムーズにいくことでしょう。

仕事

音7の人は、五感が鋭い人が多く、味覚、聴覚、視覚、嗅覚、触覚を生かした仕事も向いているでしょう。グルメな人も多く、料理関係のお仕事も向いています。

一方で会社のような組織内でも、どんな仕事にも合わせられる柔軟さを持っています。感性がとても豊かですので芸術やセンスを問われる仕事もよいでしょう。

とはいえ、いったんマイナス思考になると、マイナスのものばかりが目に入り、仕事もマイナスサイクルにはまりがち。たとえマイナス的なことがあったとしても、意識を向けなければ、存在しないのと同じです。

上司や部下・同僚などの短所に目くじらをたてるよりも、よいところ探しにフォーカスすることが重要でしょう。そしていざというときに冷静にアドバイスをしてくれる人を持つようにするとよいでしょう。

恋愛

音7の人は、頭で考えて好きになるよりも、ピンときた人と恋に落ちることが多いでしょう。匂いが好き、声が好き、手が好きというように、五感で好きになる人が多いのも、音7の特徴です。

また、神秘的なものに惹かれやすい性質があり、単純すぎる男性よりも、神秘的な男性に惹かれる傾向にあるようです。また、音7の人の思いもよらない神秘的な一面にドキッとさせられることもあるかもしれません。

音7の人は相手を条件で選り分けるのではなく、自分の意識を研ぎ澄まし、五感で感じることで、自分の好き、嫌いがはっきりしてくるはずです。

常にアンテナを張っているところがあるので、自分が妥協できないことや知りたいことなど、受信したいものに意識を向けていくと、自分の欲しいものがみつかることでしょう。

音8 ›

包み込むような豊かな母性を持っているあなた。
〝制限〟をやめると
驚くような急成長を遂げるでしょう

有名人 ▸ ジャッキー・チェン、ケビン・コスナー、大沢たかお、松任谷由実、北川景子、田村淳、宮里藍、竹野内豊、宮本輝、中田英寿、司馬遼太郎

数字の意味（数字の特徴）

音8にはお互いを調和させるという意味があります。そのため音8の人にはバランスや調和を重んじる人が多いのが特徴です。

調和やバランスは柔軟性がないと成立しません。あまり自分の考えに固執しすぎないように、寛容さを大切にしましょう。

8は、「すべて」という意味もあります。八方美人、八方向、四方八方という言葉もあるように、これらはすべて、全方向を表しています。

そういう意味では、周りが気になってしまうこともあり、しんどくなることも。

また、有機体との相性がよく、人だけでなく、動物に好かれたり、植物を育てることが上手な人が多いのも特徴です。

ただし、時々距離感を間違えて、お節介になってしまうこともあるので注意が必要です。

特徴（性格）

視野が広く、周りを見ている音8の人は、物事の細かい部分にもよく気がつきます。そして見て見ぬふりでなく、さっと助けに行くこともできる人です。

周りに困っている人がいれば、放っておくことのできないタイプです。しかし、気遣いのつもりが、お節介呼ばわりされてしまうことも。中には、そこまで助けを求めていないという人もいますし、世話を焼きすぎることが、本人のためにならないこともあります。

相手との距離もバランスが大切ですが、それがうまくいかずに非難されてしまうこともあるかもしれません。そうすると、音8の人は、傷ついてしまう心の繊細さも持ち合わせています。

しかし、基本的には一本筋が通っていて、はっきり意見を言える人ですので、人々の支持を集めやすいでしょう。

人間関係

音8の人は、意識が全方向に向かうため、周りを気にしすぎるところがあります。

人間関係で問題が起きている時、たいていは相手との正しい距離感がとれなかったことが原因です。

相手のプライバシーにどんどんと踏み込んでしまったりして、相手とのバランスが崩れてしまうと心を痛めます。決めつけた言い方や高圧的な言い方をしたりすることで人が離れていき、孤独を感じることも。

人付き合いの距離感に戸惑った時は、母のように包み込むようなイメージでコミュニケーションをとっていくとよいかもしれません。そして、助けるのは相手が求めてきた時だけにすることで、トラブルを回避できるでしょう。

自分の想いを押し通すのではなく、相手の表情などから想いをくみとることも大切です。

仕事

感性が鋭く、音8の人は「有機体と共鳴する」といわれています。

有機体とは、命あるもののこと。動物や植物、人間も、もちろんそうです。ですので、そういった有機体と接する仕事や関係のある仕事が向いています。

逆に、機械やパソコンなどは無機体ですので、そういったものとはずっとかかわり続けることでストレスを感じるかもしれません。

そういう時は、家で動物と過ごす時間を持ったり、ガーデニングをしたりというように、動植物と接する時間を持つとストレスが軽減するでしょう。

また、ドレミファソラシドが8音のように、音8の人は、ある程度のところまで頑張って努力をしたりスキルを磨くことで1オクターブ、ステージが上がるような誘導が起きます。たとえ、すぐに結果が出なかったとしても、焦らずに努力を続けることで、高みに上ることができるでしょう。

恋愛

恋愛に関しても、音8の人は、どこかお世話好きでお節介な部分があります。母性的な面も強いので、例えば一人暮らしのパートナーであれば、毎朝モーニングコールをしたり、休日は部屋を掃除に行ってあげたりするなど、何かと面倒を見たい気持ちが強いのが特徴です。

時には、「放っておいて」と言われることがあるかもしれませんが、それでも放っておけないのが音8の人なのです。

まだ、付き合ってもいないのに、ついつい彼女面をしてしまったり、その逆で、別れた後も、こまめに連絡を取ったりしていませんか？　距離感には注意が必要です。

心配性はほどほどにして、世話を焼きすぎず、相手の力を信じてあげることも大切です。

音９

**高い集中力を持っているあなた。
ワクワクすることで
拡張のエネルギーを高めましょう**

有名人▶ マリリン・モンロー、ジョージ・ルーカス、桑田佳祐、長嶋茂雄、倉本聰、新庄剛志、村上春樹、中曽根康弘、伊藤博文

数字の意味（数字の特徴）

音９には、「意図の脈動」というキーワードがあります。これは脈を打つ感じの「ドキドキドキ」「ドクドクドク」という音だというと分かりやすいかもしれません。意図をはっきりさせることで脈打つイメージです。

そのため、音９の人にとっては、ワクワクドキドキすることがとても大切になってきます。自分が好きなものや興味があるものにふれると、エネルギーが高まります。

夢や目標を常に持ち続けることでモチベーションが保たれます。

そして躍動感を実感すると拡張のエネルギーをもたらします。

周りの人を元気づける役割がありますので、周囲に音９の人がいるだけで周りの人も元気になるでしょう。

特徴（性格）

自分の興味があることや、好きなことに対してはは熱心に情熱を傾け、たぐいまれな集中力を発揮します。

しかし、興味がないことに関しては、まったく無関心なのが音9の人の特徴です。やりたくないことに対しては、全くモチベーションが上がらないからです。

音9の人は、ワクワクするものにはお金を費やしますので、出費も多いでしょう。例えば好きなアイドルのグッズを集めたり、全会場のコンサートチケットを購入したり。とはいえ、自分が楽しめれば、後悔はしないタイプ。お金がピンチになる人は、出費を見直すことで、お金が増え始めるでしょう。

また、一つの趣味を深く追求するというより、興味のあるものに次々と飛びつくのが音9の人の特徴です。

人間関係

音9の人は、広く浅く、いろんな人と付き合えるのが特徴です。いろんな仲間とワイワイ楽しく付き合いたいタイプです。

ただ、自分が何かに集中している時や、関心がないこと、興味がない人との会話は、話を聞いているようで、実は、まったく耳に入っていないということも。

愚痴話やうわさ話は聞かなくてもかまいませんが、あなたのためを思って言ってくださっていることは、しっかりと耳を傾けるようにするとよいでしょう。

音9の人は、いつも楽しげでワクワクしている人です。9の人と一緒にいるだけで、周りの人も元気になることでしょう。

音9の人は、自分が日々を楽しむのはもちろんよいのですが、自分に余裕がある時は、人を元気づけるためには何ができるかにも意識を向けるとよいでしょう。

仕事

音9の人は、自分の好きなことでないと、モチベーションが上がりません。そのため、「家族のため」「生きていくため」などのように割り切って仕事をするのは苦手なタイプです。

実際、自分に合わない仕事をして、常に憂鬱な感じでふさぎ込んでいた人でも、自分がやりたい仕事に転職した途端、表情が明るくなり、毎日が楽しくて仕方がない、という人も多いのです。好きなことがそのまま仕事になったという流れが好ましいでしょう。

音9の人で、モチベーションが下がっているという人がいるようでしたら、何でもいいので心が躍動するものに触れてみましょう。

仕事以外でも楽しみを見つけること。通勤時間に好きな音楽や動画に触れるだけでも、体調や気分を上げることが可能です。

恋愛

音9の人は、恋愛をしている時と、恋愛をしていない時の差が、とても分かりやすい人です。好きな人がいると、毎日がドキドキワクワク。表情や態度にも恋をしているというのが出てしまうくらいです。

反対に、恋をしていない時は、どこか毎日がつまらなく、張り合いがないという人もいるでしょう。決して浮気性ではないのですが、一人の人と長く付き合うより、いろんな人と付き合ってみたいと思うタイプです。

音9の人と付き合いたい時は、まずはその人が好きなものをリサーチすること。例えば、好きなアーティストがいたら、コンサートチケットを用意して誘ってみるなど、相手が興味のあるものに合わせてみるとよいでしょう。

また、恋愛相手に対しても好き嫌いの好みがはっきりしています。あからさまに気のないそぶりであれば残念ながら脈無しの可能性が高いでしょう。

音10 ›

プロデュース力に長けているあなた。
上手にリフレッシュをして
新たな創造を

有名人 ▸ キアヌ・リーブス、堂本剛、中谷美紀、山田優、小泉今日子、中村勘三郎、亀梨和也、太宰治、安藤美姫、貴乃花光司、古田敦也、手塚治虫、森鴎外

数字の意味（数字の特徴）

音10は、音9で広がりが見え、拡張したこと、ドキドキワクワクしたことを形にするという力があります。そのため、音10は「プロデュース」という言葉がキーワードにあります。プロデュースという言葉を辞書で調べると、「形になっていないものを形にすること」と書いてありますが、まさにその通りです。形になっていないアイデアなどを形にすることがプロデューサーの役目であり、音10はそれが得意なのです。

音10の人は、本人がまだ気づいていない能力を引き出し、形にしていく力がある人です。相手の中にある能力を見つけ、それを形にしていく力は、13の音の中で、一番長けています。

また、目標や自分のしたいことを明確にすることで、それを実現し、形にしていくことができます。このため、誰からも人望が厚く、頼られるのが音10の人の特徴です。

特徴（性格）

音10の人は、性格的には、非常におおらかで、のんびりとした人が多い傾向にあります。人望があることから、人から相談されることも多いでしょう。

決して「私が、私が」と前に出ていくタイプではありません。人の能力を引き出してくれる人なのです。

温厚で敵を作りにくい性格ですので、裏方としていろんな提案をしたり、みんなを調整してまとめたりするようなリーダー的存在になる人もいます。

音10の人は、人をバックアップしたり、人の能力を引き出したり、人をプロデュースすることで、自分も喜びを感じるタイプです。また、企画力にもすぐれています。

周りの人が喜ぶようなアイデアを考える力もあり、みんなの意見を調整してまとめることもできます。そのため、音10の人は、一見あまり目立たないかもしれませんが、組織や集団ではとても信頼される人材なのです。

人間関係

人望があり、また人を育成していく力がありますので、多方面から相談を受けることも多いでしょう。そのため、人と人との板挟みにあってしまうことも。

しかしそれは、双方からそれだけ信頼されているという証拠。音10の人は、「調整」するという役割も得意です。

双方の意見やアイデアを取り入れ、新しいものを作り出したり、導いたりするように両者を調整するとよいでしょう。

ただ、板挟み役はそれなりにストレスが生じますので、定期的に上手にリフレッシュを取り入れていきましょう。

また、両者を調整をする時に、うわべだけで取り繕うとすると、八方美人に思われかねません。相手がどうしたいのか、相手の考えに共鳴することを意識するとよいでしょう。

仕事

音10の人は、人の能力を見抜いたり、引き出す力があります。「プロデュース」いう言葉がキーワードになっていますが、最高のプロデュースは人を育てることです。

学校やカルチャースクールの先生、お弟子さんを育てるような、教育的な分野の仕事が向いています。生徒一人ひとりの能力を見極め、各自の得意なことを伸ばしてあげることができるでしょう。

また、プロデュースするものは人とは限りません。アイデアを形にしたり、新しいものを作る仕事もよいでしょう。

ただ、できるだけ不純な動機で行動を起こさないように注意し、エネルギー高いものを形にしていきましょう。

恋愛

音10の人は、あまり派手な恋愛は得意ではありません。好きな人ができても、自分からアピールすることは苦手なほうでしょう。

どちらかというと、親友の恋愛を応援したり、両想いになれるようにサポート側にまわることも。そういう意味ではとても頼りになる存在です。

音10の人を好きになった時は、相談を持ちかけたり、何か頼み事をするとよいでしょう。ただし、音10の人に恋愛相談をすると、「あなたには○○さんのほうが合っている」と別の人をすすめられかねないので、早めに告白して意思を伝えたほうがよいでしょう。

音10の人は、彼や彼女を支えるのが得意。駅までの送り迎えをしてくれるなど、陰で支えてくれそうですね。

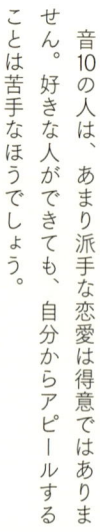

音11

**閉塞感を打破するような
大きなエネルギーを持っているあなた。
恐れずに自分の意志を貫いていきましょう**

有名人▶ 小泉純一郎、アントニオ・ガウディ、安藤忠雄、宇多田ヒカル、いかりや長介、松坂大輔、秋元康、ジーコ

数字の意味（数字の特徴）

マヤ暦では、音11は10段階目で形になったものを、一度破壊するという意味があります。これは今まで積み上げてきたものを、よりよいものにするためには、一度どこかで壊さなくてはいけないと考えられているからです。

世の中には、古くからの伝統や古い考え方など、引き継いでいきたいものもたくさんあります。しかし、ある時点で、リセットするタイミングが必要なものもあるでしょう。それを見極めるのが音11なのです。

それは、破滅に向かわせるための破壊ではなく、閉塞感を打破するための破壊です。

一度完成したものを破壊するには、とても大きなエネルギーが必要です。音11の人がいなければ、新しい流れが生まれないぐらい重要な位置付けにいるのです。

特徴（性格）

紋章には、顕在意識を表す「太陽の紋章」と、潜在意識を表す「ウェイブスペル」があります。音11の人の場合、この2つの紋章の性質が反対という組み合わせになっています。つまり、自分の中に反対の自分が同居しているような感じなのです。

そのため「どっちが本当の自分なの？」と、自分で自分が分からなくなってしまうこともあるかもしれません。

しかし、そこで生まれた葛藤を、例えばスポーツや音楽などにぶつけることで、高い能力を発揮できる可能性があります。

また、音11は、13ある音の中で、一番エネルギッシュです。オリジナル性が強く、人のまねが嫌いです。パワフルに独自のスタイルを貫いていくとよいでしょう。

人間関係

自分のスタイルをしっかりと持っており、それを簡単には崩さないところがありますので、周囲の人から頑固と思われることもあるでしょう。

また、初志貫徹タイプですので、何かを貫こうとした時に、「これ以上ついていけない」と、人が離れていくこともあるでしょう。

しかし、純粋な意図でやっているならば貫き通すべきです。

そして、開き直って、「わかる人にわかってもらえればよい」という気持ちを持つことが大切です。個性が強い音11の人は、ある種天才的な才能も持ち合わせています。自分の意志を曲げてまで無理して他人に合わせなくても大丈夫です。

一時、孤独になったとしても、やがてあなたのことを理解し、ついていきたいという人が現れるでしょう。

仕事

とても強いエネルギーを持っています。そのエネルギーは、自分の中に反対の自分がいるという葛藤から生まれています。どちらも本当の自分なのですが、じっとしていると悶々としてしまいがちです。

そのため、できるだけ体を動かしたり、起業したりして完全燃焼できるような働き方をすると、エネルギーを有効活用できるでしょう。

改革者的役割もありますので、新しいものを作りあげていくこともできるのですが、途中であきらめてしまうことがあるのが玉にキズ。

何事もあきらめずに、最後まで貫き通すことが大切になってくるでしょう。

周囲とぶつかることはあっても、支えてくれるよき理解者を得ることが必要です。

そして、人事を尽くして天命を待ちましょう。

恋愛

恋愛に関しても我が道をいく人です。

恋愛関係で例えるなら、平坦な道を二人で歩いていくというよりも、山あり谷ありの道を、一人で先に進んでいってしまうようなところがあるかもしれません。

自分から人に合わせようとするタイプではありませんので、そのあたりを理解し、受け入れてあげるとよい関係を築いていけるでしょう。

また、音11の人と付き合っていると、二人の関係が順調に思えていても、突然「距離を置きたい」と言われることがあるかもしれません。

このままフェードアウトしてしまうのかと不安になるかもしれませんが、音11の人にとっては、一度関係を切り離して、二人にとっての新しい関係を築き上げていきたいと思っているだけかもしれません。

音12 ›

**問題解決能力に長けているあなた。
視野を広げ、
たくさんの喜びを分かち合いましょう**

有名人 ▸ トム・クルーズ、木村拓哉、小雪、菅野美穂、佐々木蔵之介、YOSHIKI、綾瀬はるか、柴咲コウ、田中角栄、徳川家康、豊臣秀吉、浜田雅功、千代の富士貢、谷亮子

数字の意味（数字の特徴）

11段階目で破壊したことで散らかってしまったものを、片付けてくれるのが音12の役割です。

そのため、尻拭い役のような役回りが多いかもしれません。

それだけ処理能力があり、相談役としての役割が備わっているのです。

音12は、音13の一つ前。いよいよ最終段階に入ります。

起承転結で言えば、音11で「転」となったものを、音12で「結」に向かわせているところです。問題を解決したり、周囲の様子を見渡す役割があるのです。

問題を解決していくための協力者として仲間が周りに集まってくるという特性もあります。

また、「待つ」という行為を大切にするとよいので、相手の出方をみてから動くようにすると、うまく運びやすいでしょう。

特徴（性格）

音12の人は、何でも相談に乗ってくれそうな雰囲気を持っていて、人の話を聞くことが上手です。

少し寂しがり屋な一面も持ち合わせており、常に誰かと一緒にいたいと思うタイプ。そのため人に相談されると、喜んで協力したいと思うのです。

しかし、意外と人の好き嫌いがあります。ただ、それを顔には出しません。同じく音2の人も好き嫌いがはっきりとしていますが、音2の人は顔に出ますので、周囲から見ても分かりやすく、ストレスがたまりにくいでしょう。

音12の人は温厚に見えていても、ストレスを抱えてしまいがちなのです。

相談される人に好き嫌いはあっても、問題解決をすること自体は得意なので、日頃から視野を広げることを意識するといいでしょう。周囲の人からの相談にも学びを見出すようにすると、より良い解決法へと導くことができるでしょう。

人間関係

音12の人は、人と一緒に行動することを好む傾向にあります。音12には「共有」というキーワードもあり、一人で喜ぶよりも誰かと分かち合いたいという思いがあります。しかし度を超すと依存心が出てくる時があるので注意しましょう。

全体を見渡すことができ、困った人を助けたり、相談に乗ったりすることが得意なのですが、それがストレスになっていることも。

いざ自分が誰かに相談したいと思っても、なかなか周りに頼りになるような人がいないこともあるので普段から協力者の存在や自分の胸の内を明かすことができる人を持っておくとよいでしょう。

問題を解決する、処理するお役目がありますので、仲間と協力体制をしいて、問題を分かち合い、解決に向けて動いていくことで信頼される人になるでしょう。

仕事

人の話を聞くことが上手で、問題解決能力が高い音12の人は、カウンセラーやコンサルタント、他にも組織や集団の中での聞き役や、処理係、解決係のような仕事も向いています。

例えば、有名な政治家に音12の人がいますが、多くの市民の陳情を聞き、解決していくという活躍をされました。決して自分のエゴではなく、みんなと一緒に喜びも苦しみも共有できる人が名を残しています。

また、音12の人はあまり細かいことは気にせず、おおざっぱな一面も。問題解決の仕方も、事細かに分析するのではなく、大胆でおおらかな方法を取ることが多いようです。

上司や同僚、部下からの信頼も厚く、仕事の相談に乗ることも多いでしょう。自然と多くの仲間や賛同者が集まり、それが自分の力となって、さらなるステップアップにもつながっていくでしょう。

恋愛

寂しがり屋なところがあり、いつも誰かにそばにいてほしいと思うタイプです。そして、自分が必要とされていると感じることが、何よりもの愛の証しだと思っているところがあります。

そのため、好きな人に相談をされたり、頼りにされたりすると、とてもうれしく感じます。ただし、相談を受けているうちに、この人には自分がいないとダメというように、お互いに共依存をしてしまうことがあるので注意が必要です。

音12の人は楽しいことを共有したいという思いも強いので、音12の人にアプローチをする場合は、こちらから食事やコンサートに誘ってみたり、まずは楽しい時間を共有することから始めてみましょう。

また、心の中に悩みを抱えている場合もあるので、相談相手になってあげるとよいでしょう。そうすると、よき理解者から恋愛関係に発展できる可能性が高くなります。

音13 ›

**枠を超越する力を持っているあなた。
結果がすぐに出なくても
焦らず地道に続けましょう**

有名人 ▶ マドンナ、マライア・キャリー、ビートたけし、黒木瞳、木梨憲武、武豊、小栗旬、関根勤、芥川龍之介、三島由紀夫、山崎豊子

数字の意味（数字の特徴）

音13は、最後の数字であり、仕上げ役、まとめ役的な役割があります。

そのため、どうしても忍耐や我慢が伴ってきますので、耐え忍ぶことができる人が多いのが特徴です。

13という数字はマヤ暦では特別な数字で、すべてを根本から変容させる力があります。そういう意味では、改革者的な面もあり、再び新しいサイクルを生み出すエネルギーも持っています。

枠を超越する力を持っており、多才で器用な人が多いようです。すぐに結果を出せるタイプではありませんが、じっくり確実に進むことができます。

また、13は、最後の数字ということもあり、現在だけでなく、過去から現在への経過を含めて、全体をみることに長けています。

集大成という視点で物事をみることができるのが音13の特徴といえます。

特徴（性格）

音13の人は、いろいろなことを器用にこなすタイプです。しかし、器用な人ほど迷いが出てきます。器用貧乏という言葉があるように、自分が何をすればよいのかわからなくなってしまうからです。ですので、趣味でもよいので、何か一つでも、没頭できるものをみつけることで、自信を持つことができるようになります。

そして没頭できるものに出会えると、類をみない集中力を発揮するでしょう。また、とても忍耐強い人ですので、コツコツとしっかりと成果を出すことができます。学校や会社などでも、他の人が投げ出してしまいそうなことを、最後まできちんと取り組むことができる力を備えています。

人当たりもよく、物腰が柔らかいのも特徴です。声を荒らげたり、感情を表に強く出すようなことは少ないでしょう。音12の人と同様に、多くの人をまとめる力を持っています。

人間関係

音13の人は、人当たりもよく、感じがよい人が多いので、幅広く付き合えるところがあります。

しかし、実は自分を押し通すような頑固さも持ち合わせています。

このため、みんなで一つの意見をまとめている時も、他の人の意見を聞きながらまとめつつ、最後で結論をひっくりかえしてしまうようなところがあるかもしれません。

人間関係を良好にするためには、できるだけ全体の空気を読み、思いやりを忘れないことが大切です。自分の中に、どこか強引なところがなかったか、省みることができるとよいでしょう。

音13の人は、みんなのまとめ役ではありますが、背中を押してくれる人がいないと躊躇してしまうようなところがあります。よき味方をつけ、時に背中を押してもらうことも必要です。

仕事

視野が広く、全体を見渡せる力を持っています。例えば指揮者や、会議の議長といった、何かまとめる力を活かせるような仕事も向いているでしょう。

また、音13の人は、短期決戦よりも、長期戦のほうが向いていることから、長期プロジェクトにかかわることで力を発揮しやすくなります。

とはいえ、積極的に行動するタイプでは決してありません。うさぎと亀に例えると、ゆっくりと着実に前に進んでいく亀タイプです。

もしかすると職場の音13の人に対して、みていてイライラすることがあるかもしれませんが、例え結果がすぐに出なくても、できるだけ長い目で見守ってあげることが大切です。

何か一つのことに集中して取り組むことが得意ですので、没頭できる仕事に巡り合えると、結果を出しやすく、それがさらなる展開へと結び付いていくことでしょう。

恋愛

音13の人は、好きになると、その人しかみえなくなってしまう傾向があります。

例えば、それが彼女や妻であればよいのですが、時には道ならぬ恋に走ってしまう場合もあるかもしれません。

愛人を作ったり、浮気を繰り返してしまうことは、はたからみれば遊び人のようにみえますが、本人にとっては一回一回の恋愛が、すべて本気です。

誘われると迷いやすい面も持ち合わせています。

そういう面では純粋さを持ち合わせている証拠でしょう。

どちらかというとのんびり型ですので、自らアプローチするより待っているところがあるでしょう。ですので音13の人には、どんどんこちらからアプローチをして引っ張ってあげるくらいが丁度よいでしょう。

コラム 2

各音の日の過ごし方

マヤ暦では、13日サイクルを20回くり返すというリズムがあり、それぞれの日ごとに13の音のエネルギーが流れていることを紹介しました。音それぞれのエネルギーを意識して生きることは、宇宙との波長を合わせることにつながり、シンクロや奇跡が起きやすくなります。

今日が何の音の日かを知るには、184ページからの表を使って今日のマヤ暦を調べることで知ることができます。その音の日の過ごし方を意識しながら過ごしてみてください。

音1

1は分けることができない数字ですので、意志も統一しやすい日。何かを決断したり、決定したりするにはとても良いでしょう。

この日に自分に起きる出来事はすべて自分が引き寄せたことだと思うようにすることで道が開けます。

音２

２は迷いや葛藤がありますので、委ねるということが大切になります。やることをやって委ねるという過ごし方をオススメします。また「分ける」「選択する」ということをしやすい日ですので、いるもの、いらないものを分別する断捨離なども捗るでしょう。

音３

「結ぶ」「つなげる」という意味がありますので、人を紹介して会わせたり、つなげたり、もしくは入籍するにもよいでしょう。

また「未知体験」というキーワードもありますので、今まで体験したことがないことを体験することで視野が広がるでしょう。

音４

「探求」というキーワードがあります。自分の興味あることや好きなことを掘り下げてみましょう。何かを伝える時に「わかりやすく語る」ことを意識してみましょう。

音5

中心を定めるという意味がありますので、13日間の中心となる目標をここで定めましょう。できるだけ具体的に紙に書き出すことで、やるべきことがはっきりします。そうすることでモチベーションが上がり、スピードに乗って動き出すことができるでしょう。

音6

「音5」の日に目標を明確化したことで動きが出ます。ぜひ活発に動くことをしてみましょう。マイペースさを大切にしながらも相手を尊重することは忘れないように。「動揺」するようなことが起きた時は大きな気づきを得るチャンスです。

音7

13日間の真ん中にあたる日です。この日にはたくさんの情報が集まります。必要な情報かどうかしっかり見きわめていく必要があります。そして、何にフォーカスして過ごしていくかで1日の明暗が決まるでしょう。できるだけ良いものに意識を向けて過ごしましょう。

音8

人との距離感を大切にする日にしましょう。相手を包み込む気持ち、親心のような気持ちを大切にするとよいでしょう。生命あるものに共鳴する日ですので、人以外にも動物や植物などにも縁を持つこともオススメします。

音9

ワクワクドキドキすることに共鳴する日ですので、好きなことにかかわったり、好きな場所に行ったりすることもオススメです。また、周りの人を元気づけたり、勇気づける言葉がけをしていくことで良い波動に包まれることでしょう。

音10

まだ形になっていないものが「形になる」日ですので、今までやってきたことや思いなどが実際に形となって現れる日になるかもしれません。だからこそ、動機をきれいにしておくことが大切です。

音11

不要なものをそぎ落とし、改革するというエネルギーが流れている日です。もし何かが崩れたとしても、それは「浄化」作用だと思うようにするとよいでしょう。崩れたことで新しい流れがやってきます。

音12

「共有」というキーワードがありますので、共に分かち合う気持ちを大切に過ごしましょう。気持ちを共有することで、解決に向かいやすくなるでしょう。人の相談に乗ったり、話を聞くことに意識を向けてみましょう。また、悩みや問題が解決しやすい日でもあります。

音13

目にみえない力が働く日。13日サイクルの最後の日であり、仕上げることを意識して行動するとよいでしょう。そして、13日間を振り返り、気づいた点などを記しておくのもオススメです。予期せぬ変化を呼び寄せる出来事が起きるかもしれません。

第3部

「銀河の音」が示す
あの人との関係

音から見えてくるあの人との関係

自分の持つ音の特性がなんとなくおわかりいただけましたでしょうか？

次は、自分の音と相手の音を使って関係性をみていきましょう。

例えば同じ音同士であれば、共鳴現象が起きます。それは、二人の持つ音の波長が同じですので気が合いやすいということになります。


しかし、音の関係性は、同じ音に限ったわけではありません。

実際の楽器などが奏でる音にも、和音や不協和音があるように、**音によってうまく連携ができる音と、そうでない音があります**。それらを知ることは、自分と相手との関係をよくしたり、距離感を知るうえでも、とても有益です。


マヤ暦では、同じ音以外でも、重要な関係として、４種類の関係があります。

それが、「連携」「倍音」「補完」「協和」です。

この後、詳しく説明をしていきますが、次のような関係になります。

「連携」は流れを作ることができる関係
「倍音」はより力を発揮できる関係
「補完」は不足部分を補う関係
「協和」は協力することで力を発揮できる関係

13の音それぞれには、必ずこれら４つの関係にあたる音が存在します。
だからといってすべての人が、必ずしも自分の音と関係性のある４種類の音に入っているとは限りません。ですので、自分とＡさんとは連携関係にあっても、自分とＢさんはこの４つのどの関係にも属していないということもあります。

また、自分とＡさんには、倍音関係と補完関係の２つの関係があるとか、自分とＣさんには協和関係と補完関係があるというように、自分と相手との間に複数の音の関係性がある場合もあります。このケースはより関係性が強いということになります。

他にもマヤ暦では、20の紋章を使って関係性をみていくこともしますが、これは単純に二人の相性が良いとか悪いということをみるのではありません。

恋人、夫婦、親子、上司・部下・同僚など、人間関係に悩んでいる方にとって、相手との関係性を知ることで、不毛な衝突や勘違いを避けることができ、お互いによりよい生き方ができることへとつながるでしょう。ぜひ、目安の一つにしてみてください。

連携関係

連携関係とは、〝流れ〟を作る関係です。

つまり、円滑なコミュニケーションや絶妙な連携プレー、仕事においてもスムーズなやり取りができる関係が築けるということです。

この関係は特に仕事などで役立つ関係です。上司と部下、同僚などとうまく流れを作れたほうが、会社の中でも仕事がスムーズに運びます。

流れを作ることができる関係は、自分の音を中心にして前後2番違いまでとなりま

前後２番まで連携が取れる

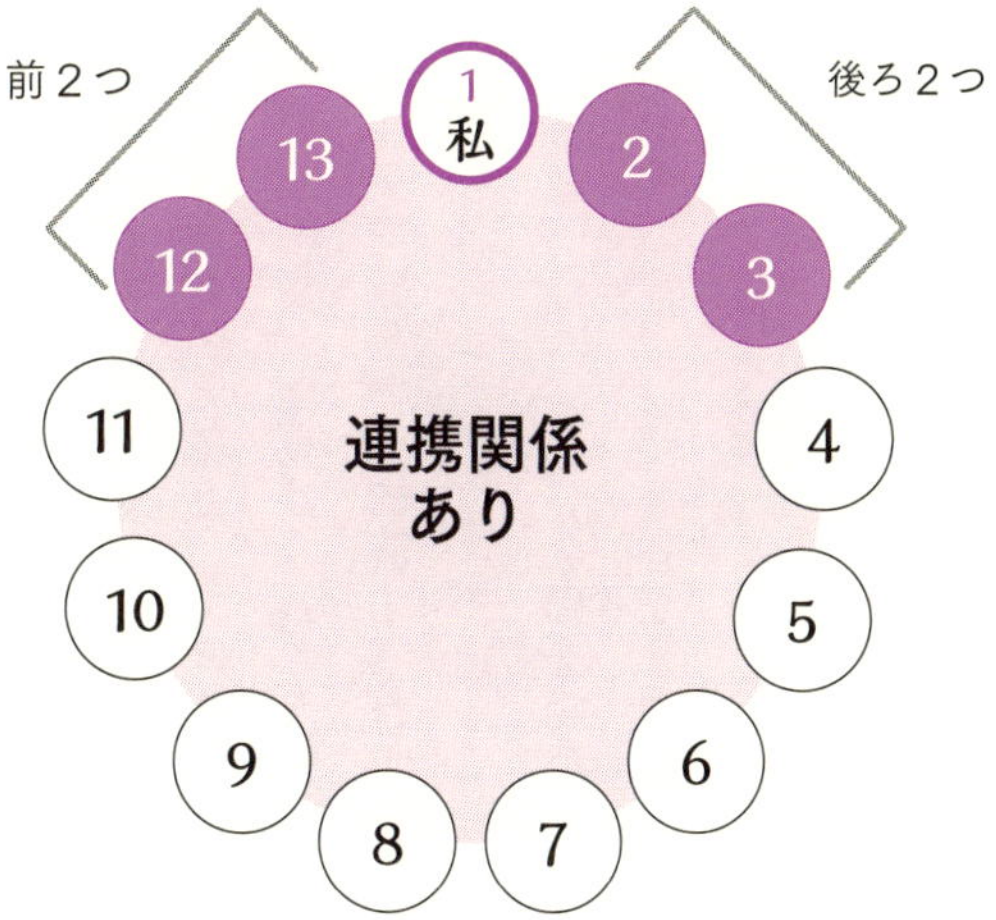

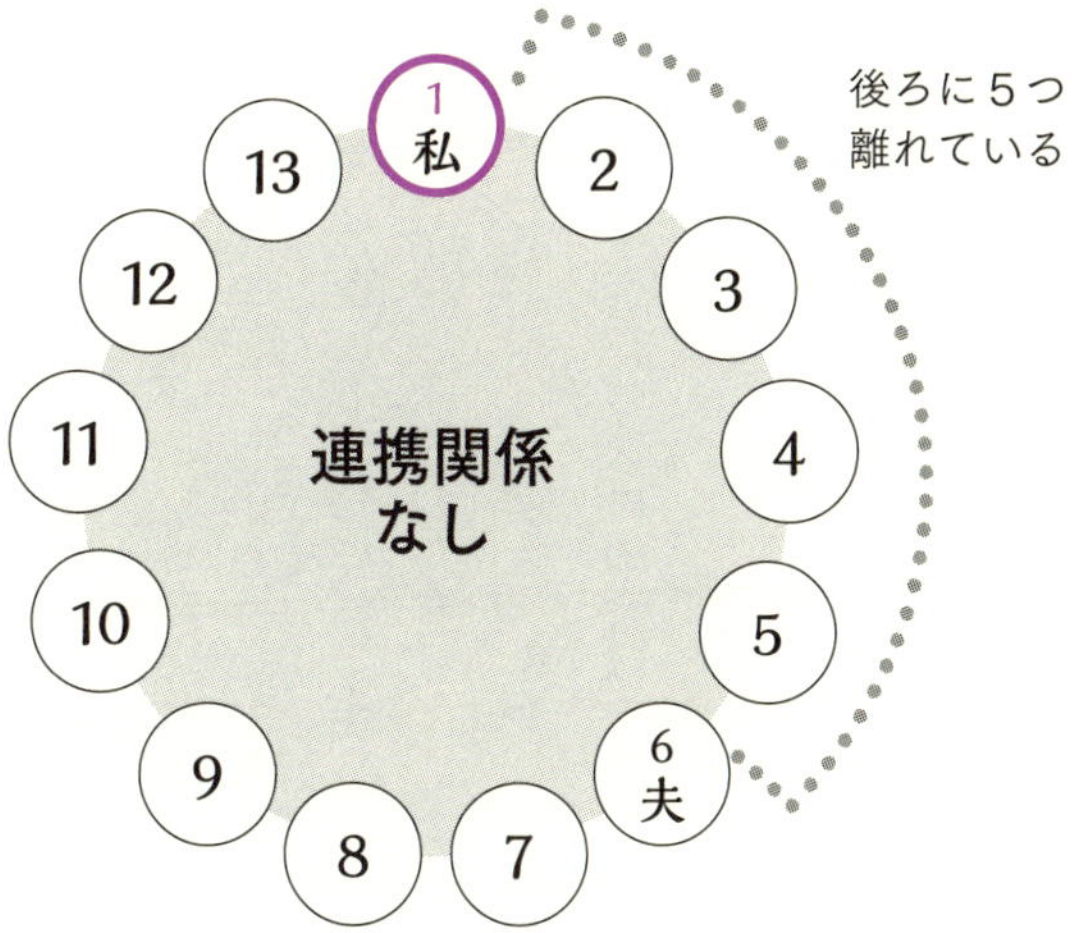

す。

例えば、音6の人は、自分の1つ前の音5の人、2つ前の音4の人、そして、自分の1つ後ろの音7の人、2つ後ろの音8の人までとは流れを作ることができます。つまり、音6の人にとっては4から8までの音の人が連携関係ということになります。

ですので、例えば音6の人は、音4や音5の人から情報や仕事などを受けて、後ろの音7や音8の人に渡すことができます。しかし、3番以上離れている音9の人とは流れを作ることはできません。

また、音は、1から13までがループのようにつながっているので、音1の人の場合、1つ前の音は13になり、2つ前の音は12になります。音13の人の場合は1つ後の音は音1、2つ後ろの音は音2として考えます。

このように、音は前後2番違いまでは流れを作ることができますが、たとえ2番以内であっても、その中に我が強い人がいると、流れが途切れることがあります。例えば極論ですが、渡したくないとか、受け取りたくないという人がいると、流れが止

例1 連携関係のある親子

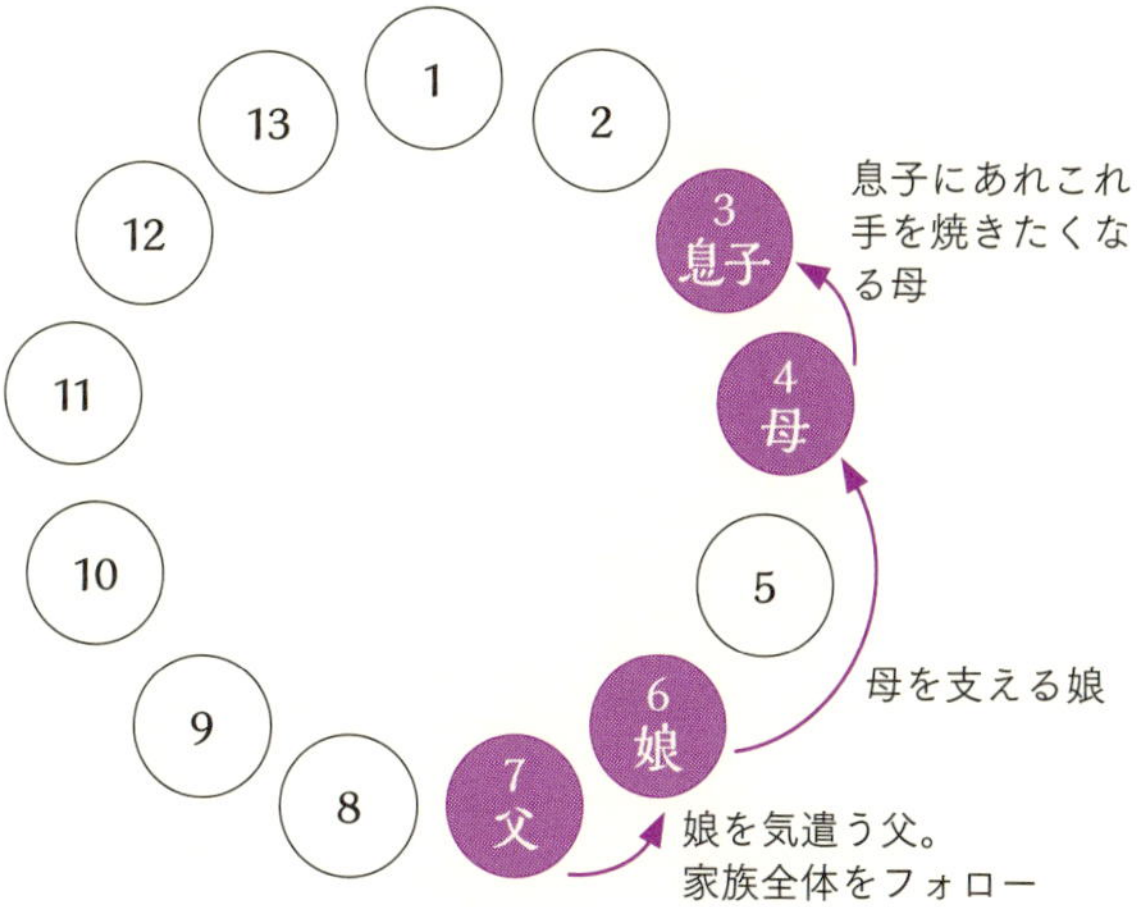

例2 連携関係のない親子

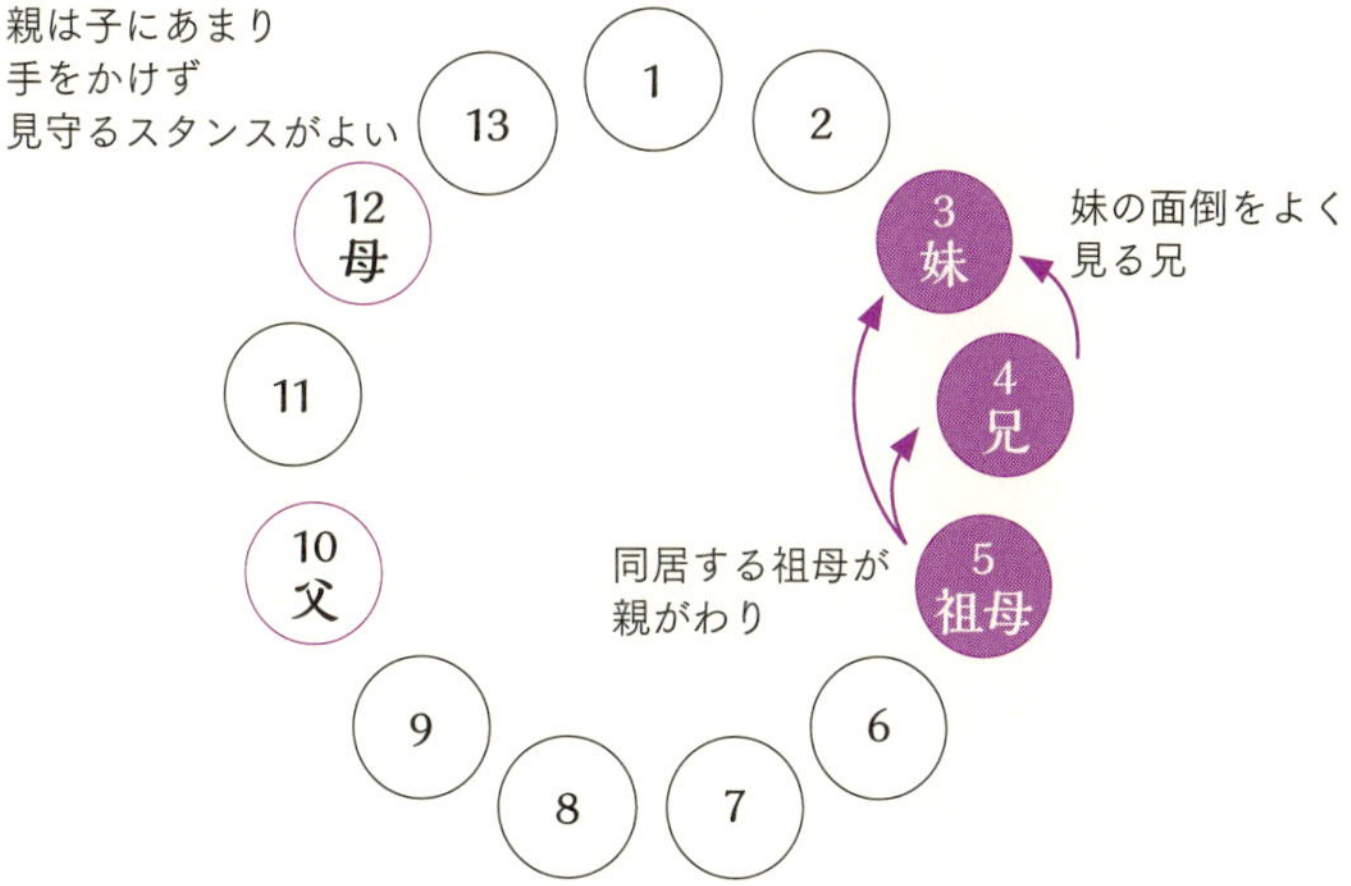

まってしまうのです。

音7や音8は、調和したり、チューニングという、相手に合わせるキーワードがあるので、流れをうまく作りやすいのですが、好き嫌いがはっきりしている音2、興味がないことには無関心の音9や、自分の意志を貫く音11などが入っている場合は、あらかじめ相手の特性を考えて作業をすると、流れを作りやすくなるでしょう。

では次は、親子や夫婦の連携関係をみてみましょう。

例えば、親子の場合、2番以内に入っていると距離感としては近いと考え、どうしても意識が向かいやすくなります。特に自分より前の音に子どもがいる場合、意識が向かいます。例えば音6の親から見ると、音4や5の子どもに手をかけたくなります。逆に母親が音6で、子どもが音7、音8の場合は、前方にいる母親に意識がいくので、子どもは母親をフォローしやすくなるのです。

一方で、３番以上離れている子どもには、あまり手をかけないほうがよいでしょう。あれやこれやと、親が手を出しても、それをうっとうしく感じたりする場合もあるのです。

音の距離の遠近で愛情が変わるわけではありません。早くから独立させて一人暮らしをさせたり、海外留学のように親元から離れるほうが、親子ともお互いに成長できることを暗示しているのかもしれません。一緒に過ごす時間が少ない、べったり手をかけられないことを、特に心配する必要はないのです。

夫婦の場合も親子関係と似たところがあり、２番以内にいると距離感は近いため、一緒に過ごす時間を大切にしたほうがうまくいくでしょう。単身赴任などで離ればなれになったうえに、連絡を取り合わないなど、お互いの様子がわからないような状況が続くと、どちらかに不満がつのりはじめるかもしれません。

３番以上離れている場合は、それぞれの趣味や時間を持つなどして、それほど一緒に過ごさなくても不満がたまることは少ないでしょう。
近いから良い、離れているから悪いのではなく、意味があってそうなっていて、お互いの正しい距離感を知ることが、夫婦関係を長続きさせるコツなのです。

私の2回の結婚を例にしますと、
1回目の結婚では、音6の私と音8の主人
2回目の結婚では、音6の私と音9の主人　となります。
この場合、1回目の主人との距離感のほうが近いことがわかります。
2番以内に存在しているため、連携関係になっています。
ですが、コミュニケーションがとても少なく、すれ違い夫婦でした。本来、2番以内にいると、できるだけコミュニケーションをとっていくことが好ましいのです。また、1回目の結婚の主人とは音6と音8で足して14の補完関係（この後に説明があります）にもなっていました。
補完関係は、相手を尊重できてこそうまく機能するところがあり、偽りの姿を生きているケースではうまくいきにくいところがあります。偽りの姿で生きていた私が当

例3 連携関係のある夫婦

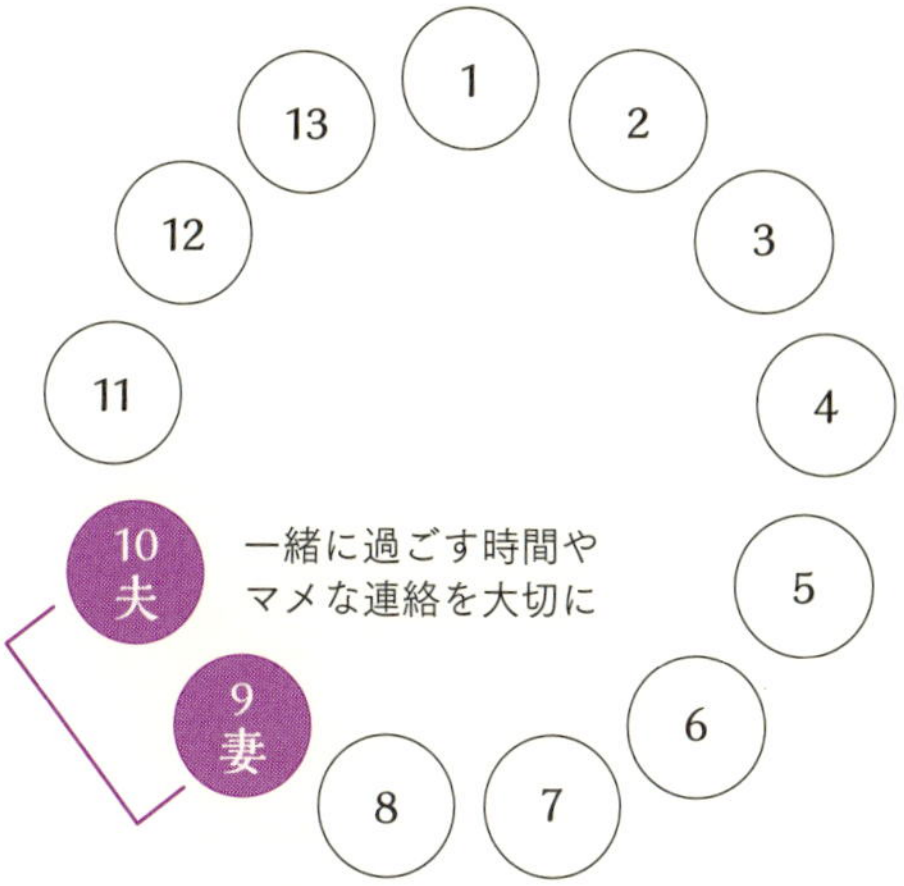

例4 連携関係のない夫婦

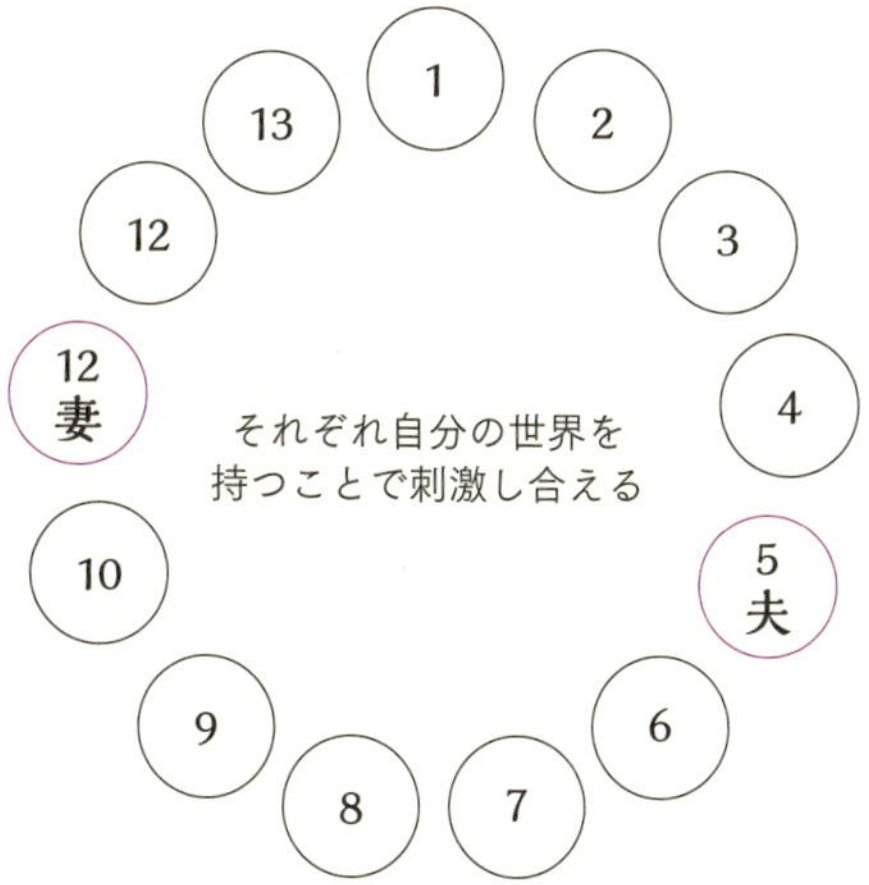

時はいましたので、うまくいかなかったのかもしれません。

一方、今の主人とは音の関係性も紋章の関係性もありません。これはお互いがそれぞれの分野で活躍し、すれ違いでも大丈夫だよということを暗示しています。

実際、一緒に過ごす時間はとても少ないですがうまくいっています。


このように、関係性がないことが悪いわけではなく、それぞれに意味があるということをおわかりいただけるかと思います。


夫婦関係と親子関係にくわえ、家族関係をこの音で調べることもオススメです。

例えば、母親と子どもの音は近くないけれども、父親と子どもの音が2番以内の場合は、父親に積極的に子どもにかかわってもらうとよいでしょう。

さらに、父方のおばあちゃんも同居しているならば、おばあちゃんと、息子である父親や孫の関係を見ると、おばあちゃんの前の音に孫がいるなど、また違ったかかわり方が見えてくることもあるでしょう。

他にも、親子間だけではなく、お兄ちゃんと妹の音がくっついていて、お兄ちゃんが妹の面倒をよく見ている、というようなケースもあります。

また、父と母の音の間に子どもが入っているケースでは、その子どもが夫婦の〝かすがい〟のような役割を果たすこともあります。

家族といえども、それぞれの音を並べてみて、適切な距離感を知っておくことも大事なことでしょう。

倍音関係

「倍音関係」とは、一緒にいることで倍の力を出せるような、モチベーションを保ったり、上げたりすることができる組み合わせです。

私たちが生きていくうえで、「モチベーション」はとても大切です。モチベーションが下がりそうになった時や、実際に下がった時、自分の倍音関係のグループにいる人と一緒にすごすことで、元気になれたり、やる気がアップしたりします。倍音関係とは5番違いの音のグループというのが基本的な考え方です。

倍音関係は、音が5番違いになっており、5つのグループに分かれています。そしてグループごとにそれぞれに特徴があります。

「倍音関係にある5つのグループ」

1（𝋡）、6（𝋦）、11（𝋫）……自分が主体的にリードしていくグループ
（自分の意志がしっかりとある）

2（𝋢）、7（𝋧）、12（𝋬）……分けるということをしていくグループ
（迷いが生じるので、Yes、Noと分けて大丈夫）

3（𝋣）、8（𝋨）、13（𝋭）……合わせることができるグループ
（器用なところがある）

4（𝋤）、9（𝋩）……専門分野、好きなものに特化していくグループ
（好きなものでないと探求できないですし、ワクワクしないので）

5（𝋥）、10（𝋪）……バックアップ、人を応援するグループ
（後ろから支える、縁の下の力持ち的存在）

例1 倍音関係のある親子

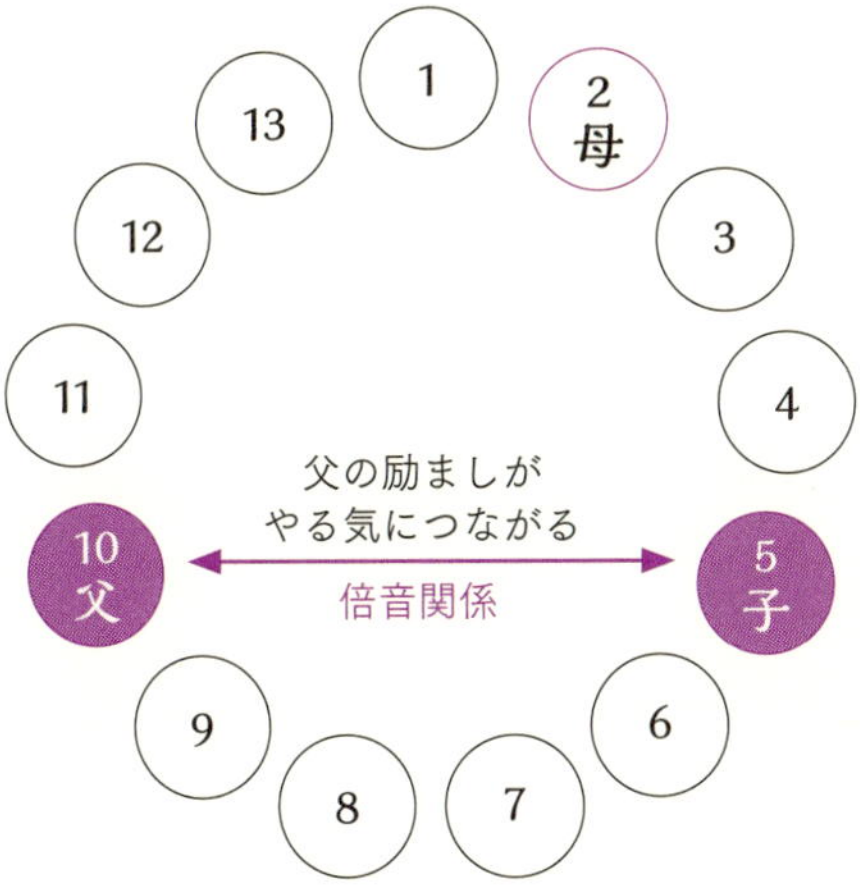

そもそも音5に、「倍音の力」という意味があります。目標設定をすることで倍の力が出せる底力のある人が音5の人です。5番違いの音の人とすごすことで、モチベーションが高まり、いつも以上の力が出せるというわけです。

また、マヤ暦では数字を横棒（―）と点（・）で表します。

1を点1個、5を横棒1本で表すので、例えば5番違いである音1、音6、音11を見ると、音1は点1個、音6は横棒1本の上に点1個、音11は横棒2本の上に点1個というように、点1個が共通となります。

つまり、音6、音11には、点が1個の音1

の要素も含まれているということになります。音1、音6、音11の特徴をみてみますと、音1は「意思の統一」、音6「マイペース」、音11「独自性が強い」など、それぞれあまり揺らぐタイプではないことが分かります。

同じ音同士が、1番波長が合うのですが、このように同じ要素を持っている倍音関係の人とも波長が合うわけです。「分かる、私もそう」というように共感する部分があると思います。

音2、音7、音12は、点2個が共通のグループです。このグループは、音2の要素を持ち、好き嫌いがはっきりしています。音2の人は好き嫌いが顔に出るので、分かりやすいのですが、音12の人は顔に出さないのでそれなりにストレスを抱えていることでしょう。

音3、音8、音13は、点3個が共通のグループです。音3の要素を持ち、周りに合わせることができるので、生き方が器用な人たちです。争いごとを好まず、従順な人が多いようです。

音4、音9は、点4個が共通のグループです。音4の要素を持ち、好きなものに特

例2 友人が倍音関係のケース

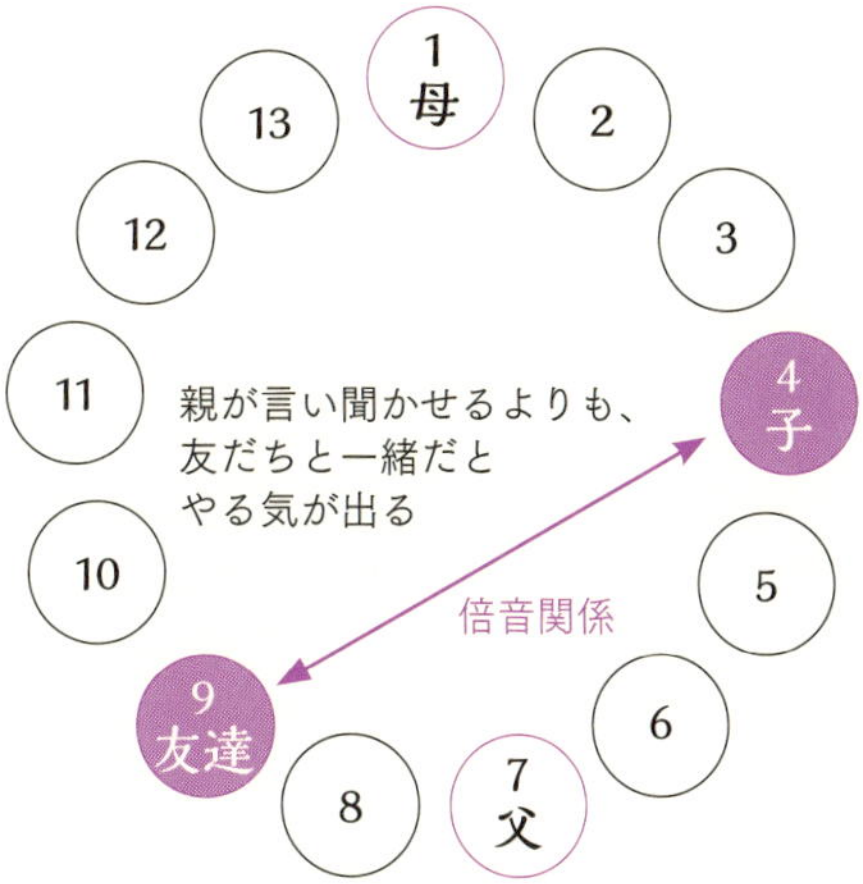

化したほうが良い専門分野型です。

音５と音10は、横棒だけで表すことができるグループです。この２つは、どちらかというとバックアップ型で縁の下の力持ち的存在です。また、倍音関係の中では、この音５と音10の組み合わせが最強になります。なぜなら音５に「倍音」という意味が入っているからです。

音５の夫が、外で活躍している場合、奥さんが音10という場合も多いようです。音５は、底力はあるものの、のんびり屋さんという面もあります。そこで、プロデュース力に長けた音10の奥さんがつくことで、夫の才能が開花する場合も。妻のバックアップがあってこそ、夫のやる気もアップし、仕事に対して精力的に取り組めるのでしょう。

この倍音関係は、夫婦以外でも同様です。例えば、親子の関係でもそうです。親が声がけをしても、なかなか子どものやる気がでないという場合は、親の音と子どもの音をみてみるとよいでしょう。

母親が言うと、やる気をなくしてしまう子どもも、倍音関係の父親が言うことであれば、積極的に聞いたり、倍音関係にある弟や妹が「お兄ちゃん（お姉ちゃん）、すごい！」と言うことが、やる気アップにつながることもあるでしょう。

また、家族内だけでなく、子どもの成績が上がらないとか、サッカーがなかなか上達しないという時は、先生や、コーチとの関係をみてみるとよいでしょう。もしくは倍音関係の友達と一緒に勉強をしたり、自主練習などをすることでやる気がみなぎってくるかもしれません。

音の関係性には、連携関係、倍音関係、補完関係、協和関係がありますが、音1と音13の人は、連携関係でもあり、次で説明する補完関係、協和関係でもありますので、より強い結びつきがあると考えられます。

補完関係

「補完関係」とは、足して14になる音同士のことをいいます。補完とは、補い合うことで完成するというような意味があります。ただ、音7の人は自分の中で補完できてしまうため、自己完結型でもあります。

・音1と音13
・音2と音12
・音3と音11
・音4と音10
・音5と音9
・音6と音8
・音7（と音7）

補完関係の音同士は、波長としては一番違うものを持っている人でもあります。つまり、自分にないものを持っている相手です。そのため、**自分にない部分を補ってもらうことができる**のです。

しかし、波長が合わないため、時には反発し合ってしまうことがあるかもしれません。

「その考え方はおかしい」とか、「そのやり方は、理解できない」というように、最初から反発の目でみてしまうと、せっかくの補完関係を活かすことができません。

まずは、相手を認め、尊重することが大切です。

そして、「そういうやり方があるのか」「そういう考え方もあるのか」というように、相手を認めることができれば、自分にはないものがプラスされますので、二人の関係はとても良い方向に働きます。

このように、補完関係をプラスに働かせるかマイナスに働かせるかは、その人次第になります。

さらに、偽りの自分を生きている人は、補完関係をうまく築きにくいようです。なぜなら、自分が持っている音の本来の特徴を封じ込めているため、本当の自分ではないからです。ですので、本当の自分により近い生き方をしている人のほうが、この補完関係は成立しやすいのです。

また、エゴが強い人も、補完関係がうまくいかない傾向にあります。自分を押し通そうとすることで、補い合うということができなくなるからです。

この補完関係で興味深いのは、先ほど説明した倍音関係のグループとリンクしていることです。

音1、音6、音11のグループは、それぞれ、音3、音8、音13のグループと補完関係にあります。

音1、音6、音11は、意志が強く、この音のグループと補完になるのは、人に合わせることができる音3、音8、音13ということになります。たとえば意志が強い音1と、迷いが生じる音13はコンビとしてぴったりです。

音2、音7、音12のグループの中で、補完関係にもあたる音2と音12は、「分ける」「共有する」という意味を持つ音ですので、うまく補完し合っています。

音7は自己完結型ともいい、自分の中で補完関係が成立しますが、もし補完関係を誰かと組むとすれば同じ音7の人がよいでしょう。

好きなものを追求する音4、音9を補完するのは、バックアップが上手な音5、音10というように、波長が真逆に近いグループでもあります。

夫婦関係、親子関係、仕事関係も、すべてこの補完関係を当てはめることができます。例えば、音が補完関係にある夫婦は、本来、うまく作用することができれば、足りない部分を補い合うことができます。

しかし、どちらかが本来の姿で生きていなかったり、相手を尊重できない場合は、高め合うことはもとより、本来のよさも出すことができず、夫婦関係はうまくいきにくいでしょう。

協和関係

「協和関係」は、協力して1つになることで、大きな力を発揮する関係のことです。これは何か1つの物事を結束して行う時の最高の組み合わせになります。協和関係とは、具体的には4つ違いの音のグループです。

協和関係は、以下の4つに分かれます。

音1、音5、音9、音13…目的を中心に結束するグループ
音2、音6、音10…挑戦・テーマを中心に結束するグループ
音3、音7、音11…奉仕を中心に結束するグループ
音4、音8、音12…心のつながりで結束するグループ

この協和関係は、グループの音すべてがそろわなくても大丈夫です。もちろん全てはバランスですので、壮大なプロジェクトなどではこの全てのグループの人をそろえ

ることをオススメします。

音1、音5、音9、音13の人は、第4部で紹介する自分が持っている2つの紋章（太陽の紋章、ウェイブスペル）の色が一色です。「青い鷲・青い猿」「黄色い星・黄色い種」というように、「青・青」「黄・黄」「赤・赤」「白・白」のように、自分の紋章の色が一色のため、できるだけシンプルでわかりやすい目的を持つことをオススメします。

このグループの人は、目的に向かっていくことでやる気が出ます。音1は意思決定ができる人。音5は、目標が定まると強い人。音9は、ヴィジョンが定まると力が出る。音13も、決めたら強い没頭型です。

そのため、目的を持って何かをする時は、このグループの音の人にお願いすると力を発揮してくれるでしょう。

ただし、このグループは色が一色しかないという特徴から、あれやこれや複雑なことを言われたり、難しいことを言われると力を発揮しにくいので、何かを頼む場合は、目的や目標はできるだけシンプルにして、わかりやすくイメージできるように伝えてあげるとよいでしょう。

音2、音6、音10は、どちらかというと新しいことが好きな人たちで、いつも何かに挑戦していたいというグループです。新しいテーマや、挑戦を中心に結束していくタイプです。

音2の人のキーワードが挑戦で、音6の人ものごとを動かすタイプで、音10の人は、それを形にする力を持っています。

このグループの人は、ずっと同じやり方だと飽きてしまう傾向にあるので、できるだけ新しいやり方を試させたり、新規プロジェクトに参加させたりすると、力を発揮してくれるでしょう。

音3、音7、音11の人は、自分の持っている2つの紋章の色が反対色の組み合わせです。マヤ暦では、「赤」と「青」、「白」と「黄色」が反対色になります。

このグループでは「赤い龍と青い鷲」「白い犬と黄色い星」というように、必ず反対の色の組み合わせを持っています。

そのため、それなりに葛藤を抱えていることがありますので、じっとしているよりも動きがあったほうがよいでしょう。

また、このグループは奉仕の気持ちが強い人が多く、奉仕的な活動、ボランティアなど、人の役に立てることを中心に結束します。

とはいえ実は奉仕と打算のせめぎ合いで生きている部分もありますので、できるだけ打算に走らないようにすることが大切です。

音4、音8、音12は、心のつながりで動く人たちです。ビジネスライクではなく、心がつながっている感じがするほうに動くグループです。

音4と音8は、四方八方という言葉に使われている数字のように、全方向に意識が向きやすいため、人間関係の悩みが多いのが特徴です。また、音12も「共有」がキーワードのように、一人でいるよりも誰かと一緒にいるのが好きなタイプ。人が何を考えているか気になるグループですので、気持ちが通じ合うことが大切なのです。

これら協和関係は、自分がどの音の人と同じグループなのかというのを知ることも大切ですが、相手がどのグループに属しているかを知ることも有効です。

例えば、自分に音５や音13の部下がいて、仕事をやる気にさせたい時は、「この人は、１・５・９・13のグループだから、難しい言い方をせずに、シンプルに分かりやすく説明したほうがいいな」というように、その音に特徴にあった接し方で相手の能力を発揮させやすくすることもできるのです。

ぜひこの協和関係も、日々の人間関係の中に役立ててみてください。

第4部

「紋章」が告げる
あなたの能力

マヤ暦で示される「紋章」について

私たちはその日、その日に流れているエネルギーの影響を受けているとお伝えしました。マヤ暦は260日周期の暦です。そして、自分の生年月日をマヤ暦に当てはめると、自分はどのエネルギーの影響を受けているかが分かるのです。

そして、マヤ暦ではこの260日にあわせた260種類の「KIN（キン）ナンバー」と呼ばれるものがあります。キンとは「その日1日」「その人1人」という意味があります。

マヤ暦ではキンナンバーを構成する要素が3つあり、その一つが先にお伝えした「銀河の音」、それから「太陽の紋章」と「ウェイブスペル」と呼ばれるものです。

「紋章」とは「20の神様（宇宙）の意識」を表し、それぞれの紋章は、独自のエネルギーを持ち、性質や特徴が異なります。

例えば、「赤い龍」と呼ばれる紋章は誕生のエネルギー、「青い手」は癒やしの力、

「赤い月」は浄化や新しい流れ、「黄色い戦士」は挑戦や自己との戦いといったようにそれぞれのエネルギーを持っていると考えられています。

「ウェイブスペル」も「太陽の紋章」と同じように20種類の紋章で見ていきます。

「太陽の紋章」が、その人の顕在意識を表しているのに対して**「ウェイブスペル」は、潜在意識**を表しています。つまり「太陽の紋章」が表に出てくるその人の性格や性質なのに対して、「ウェイブスペル」はその人の無意識な部分を表すというわけです。

例えば、「太陽の紋章」が、同じ「黄色い戦士」の人が二人いたとします。「黄色い戦士」は、チャレンジ精神にあふれた行動力のある人というような表現をされます。が、同じ「黄色い戦士」でも、「ウェイブスペル」が「赤い蛇」の場合、意外と人見知りでシャイだったりします。一方、「ウェイブスペル」が「青い猿」の場合、サービス精神に溢れ、目のつけどころがとてもユニークだったりします。

このように同じ「太陽の紋章」でも、「ウェイブスペル」や「音」が何かによって性格や性質が違ってくるのです。

人が日ごろ意識している顕在意識は意識全体のわずか3%～10%だと言われていま

す。逆に潜在意識は90%~97%というデータも。この潜在意識の性質を表現しているのが「ウェイブスペル」なのです。

ここからは、より具体的に20の紋章が持つエネルギーについて、説明していきます。紋章の意味、その紋章を持つ人の特徴や、向いている仕事などを知ることで、自分のこと、相手のことをより深く知ることができるでしょう。

20の紋章の解説は、184ページからの表を使って紋章を割り出し、「太陽の紋章」でも、「ウェイブスペル」でも、同じところをお読みください。

「太陽の紋章」が「赤い龍」ですと、その人の意識的な部分の特徴が「赤い龍」であるということ。そして、「ウェイブスペル」が「赤い龍」であるなら、その人の潜在意識の部分の特徴が「赤い龍」であるということです。

相手の「太陽の紋章」、「ウェイブスペル」の両方を理解することで、より相手のことを深く理解できるでしょう。

もし、自分や相手の紋章の特徴に違和感を感じるのであれば、それは本来の自分を出せないまま生活をしていたり、本当の自分にまだ気が付いていない可能性もあります。

マヤ暦は占いのように「当たっている」「当たっていない」というのではなく、あなたに与えられた宇宙からのエネルギーが、この紋章であるという事実として紐解いてみてください。

あなたも、相手も、「本当の自分」を見つけることができれば、それが、お互いの関係性を理解する手助けになることでしょう。

赤い龍
（イーミッシュ）

生命を育む母性エネルギーに溢れたあなた。人生の転機は「命」の大切さを実感した時に訪れるでしょう

20の紋章の最初に出てくる紋章。誕生のエネルギーを表しています。龍のような勢いがあり、創造の力があります。また「命」とも強いかかわりがあり、命の大切さを実感した時に人生の転換期が訪れます。血のつながった人や、同じ族だと思う人への面倒見が良いのも特徴です。

とても頑張り屋さんで弱音を吐けないところがありますが、尊敬できる人や頼れる人をみつけると気持ちがラクになります。

母性や慈悲の精神が強く、恋愛では、持ち前の面倒見の良さで、ついつい相手に尽くしてしまう傾向が。半面自分自身は、プライドがじゃまをして、心が休まるような恋愛ができません。

赤い龍同士の恋愛や、赤い龍の人と付き合う場合は、相手のプライドを傷つけたりプライド同士を衝突させないように気を付けましょう。

白い風
（イーク）

繊細な感性と豊かな感受性を持ったあなた。
インスピレーションや目に見えない力を大切に

繊細な感性と感情の持ち主であり、みえない力を感じ取る能力があります。

また、感じ取ったものを伝えていくというメッセンジャー的な役割もあります。

感受性が豊かゆえに、傷つきやすいガラスのハートの持ち主。強くみえても虚勢を張っているだけで、実は心の中は優しく繊細なのです。

恋愛では、自分が傷つきたくないがために強がってしまい、かわいい態度で男性に接することが苦手。そこを理解してくれて、共感してくれる人との出会いが大切です。

どちらかというと感情の波が大きいところがありますので、感情的になりそうな時は一呼吸。音楽や絵画など、芸術に触れるようにすると心が穏やかになるでしょう。自分の想いや考えを相手に伝えるばかりでなく、相手の話にしっかりと耳を傾ける姿勢を持ってみましょう。

青い夜
（アクバル）

**自分の夢を見つけ、叶えていく力を持っているあなた。
やがて人に夢を与える人となるでしょう**

20の紋章の中では、一番マイペースで、周囲からの影響をあまり受けないタイプ。やりたいことや夢がたくさんあり、夢のためなら努力を惜しまず、夢を実現させていく力があります。

自分の夢を叶えたいという気持ちが強いあなたですが、人の夢を叶えるような仕事も向いています。

ロマンチストな面もあり、恋愛はムードを重視します。とはいえ、一人の時間も大切にしたいので、ほどよい距離感が保てる相手がオススメです。無駄遣いが嫌いなので、お金にルーズな人とは、恋愛も長続きしない傾向にあります。

決して八方美人ではなく、自分のことを理解してくれる人だけに好かれればよいと思っています。家にこもると個人主義的な考えになりやすいので、できるだけ外に出ることをオススメします。

黄色い種
（カン）

生命の種、目覚め、開花の力を持っているあなた。
気づきの水は固い殻を柔らかくし、成長を促すでしょう

何でも物事の「種」から知りたいところがあり、知的好奇心も旺盛。納得しないと進めないタイプで、納得するまで調べたり、勉強したりします。

一つのことを掘り下げて深みにはまる傾向にあります。ただ、お酒やギャンブルなどの深みにはまるとなかなか抜け出せないことも。

よく気が付くため、気配りができる人も多く好印象を持たれやすいでしょう。

少し頑固なところがありますので、理屈っぽい人と周囲に思われないように、できるだけ柔軟な考えを持ちましょう。

そして守りに入るのではなく、殻を破る勇気も大切です。

恋愛では、相手に対して気づきを与えたがったり、しつこくならないように気を付けましょう。情に流されることもあるでしょう。

赤い蛇
（チークチャン）

人見知りで恥ずかしがり屋のあなた。強い情熱は好きなものに出会ったときに発揮されるでしょう

情熱家が多く、才能豊かな努力家。好き嫌いもはっきりとしています。

好きなものをみつけると、類まれな集中力を発揮します。

また、正義感が強いのも特徴です。人の不正を許すことができず、真実を暴きたくなります。

神経が細やかなところがあるので、リラックスできる環境や人間関係が大切です。

恋愛では、人見知りでシャイな部分もあるので、心を開くまでに時間がかかる場合もあるでしょう。スキンシップが大好きなので、好きな人に対しては距離を縮め、グイグイいくこともあります。自分の意見をはっきり主張するところがあるので、感情的にならないようにだけ注意しましょう。

好きになりすぎると周りがみえなくなることも。時に冷静に自分をみることも大切です。

白い世界の橋渡し
（キーミー）

人と人との橋渡し役を担っているあなた。高いコミュニケーション能力でたくさんの人と出会いましょう

おもてなしの気持ちが強く、人と人との橋渡し役を担います。コミュニケーション能力が高いのも特徴です。また、あの世とこの世の橋渡しという意味もあり、お墓参りや神仏を大切にするなど、先祖とのかかわりを意識するとよいでしょう。

人とのコミュニケーション力が高いあなたは、どんどん外に出て、幅広い人脈を持つようにしましょう。たくさんの人と出会うことで、エネルギーが高まります。

恋愛面では、温厚で相手の空気を読むタイプ。相手に喜んで欲しいという気持ちが強いのですが、相手を自分の思い通りにコントロールしたいと思うようになりがちです。恋人関係でも、常に相手を認める謙虚な気持ちを忘れずに。

野心家も多く、スケール大きい生き方を望む人も。政治家にも多い紋章です。

青い手
（マニーク）

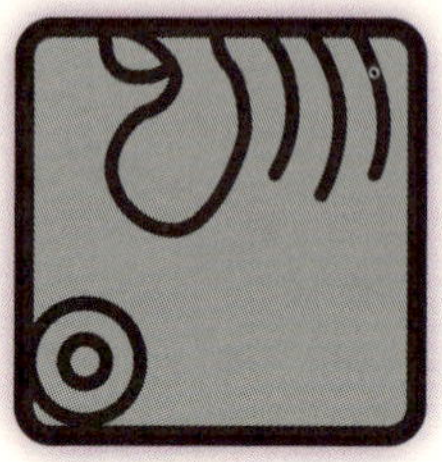

優しく繊細な心を持っているあなた。献身的な優しさは癒しの力となり、幸せとなって返ってくるでしょう

癒やしのエネルギーを持ち、人に安らぎを与えることができる人です。献身的に人に尽くすことで喜びを感じます。しかし、尽くした相手に裏切られるということを体験する人も。その心の痛みが、他人を理解し、さらに多くの人を癒やせる力へとつながります。

また、常に頭で考え事をしているところもあり、余計な心配を作っていることも。考えるのではなく、実際に体験していきましょう。

恋愛面では、とにかく尽くすタイプ。ただし、尽くしすぎると都合のいい扱いを受けるので注意してください。恋愛で大きな痛手を負い、トラウマになると、次の恋愛に臆病になったり心配しすぎる面もあるので、全ては経験だと前向きに考えるようにしましょう。そして、定期的に誰かに話しを聞いてもらいましょう。

黄色い星
（ラマト）

完璧な美を追い求めるあなた。芸術に触れ、心のゆとりを持つことでさらに輝きを増すでしょう

均整の美と調和という意味を持ち、男女にかかわらず美意識がとても高い人が多いのが特徴です。美しいものが好きで、センスもよく、おしゃれに関心がある人も多いでしょう。

また、プロ意識が強く、完璧を求める傾向にあり、仕上げまできっちりとします。

ただ、他人にも完璧を求めてしまいがちです。心にゆとりがなくなると言葉がキツくなることもあるでしょう。相手に要求することをせず、寛容な心を大切にしましょう。

自分磨きを怠らず、恋愛面でも「美」を求める傾向にあります。異性に対しても、理想を求め、ハードルが高くなってはいないか、もう一度、自分のハードルを見直してみるとよいでしょう。

自然体な人が多いのも特徴です。

赤い月
（ムールク）

太陽の光を反射させて光る月のように、周りの影響を受けやすいあなた。応援者をたくさん作りましょう

使命感に生き、新しい流れを作る改革者。やることが決まるまでは腰が重い人もいますが、「これ」というものを見つけると、徹底してやり遂げる強さを持っています。

マイナスエネルギーに敏感なため、自分を応援してくれる人と付き合うようにして、自分を批判するような人とはできるだけ距離を置くことをオススメします。

小学生の頃や中・高生の頃など、過去何かほめられたことや人より長けていたものの中に自分の使命のヒントが隠されている可能性があります。

美男・美女も多く、色気があり、華やかさがありますので異性からモテるでしょう。

自分のことを認めてくれ、プラス思考の人と付き合うことで、あなたも輝くことができるでしょう。

白い犬
（オク）

正直で誠実。強い忠誠心を持っているあなた。
家族のように思える人を増やしていきましょう

仕えることに喜びを感じる家族愛の人です。何か仕える対象や愛する対象があると、さらなる力が発揮できます。

信頼されることで、力が出ます。家族のための犠牲なら、喜んで引き受けるようなところもあります。また、家族以外でも情に厚く、この人だと思った人に対しては忠誠や忠義を尽くします。

恋愛では、嘘がつけない正直な人。思ったことをすぐ口に出してしまうところがあるので注意しましょう。

白い犬の人と結婚した場合は、居心地のよい家庭を築くことで、まっすぐ家に帰ってくるようになるでしょう。

家族一緒に過ごすことが好きですので、休日などできるだけお出かけしたり、外食したりする時間を持つようにしましょう。

青い猿
（チューエン）

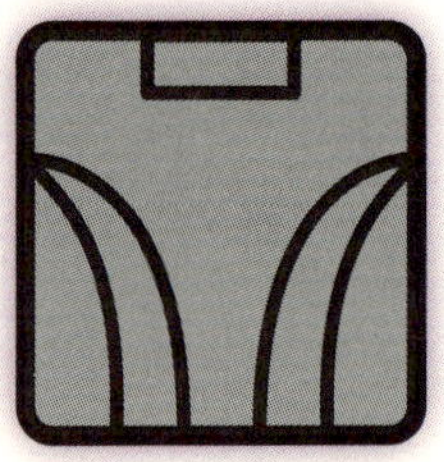

創造力が豊かなあなた。のびのびと自由に過ごすことで、さらなるアイデアとひらめきに恵まれるでしょう

アイデアとひらめきに満ちた天才型。道化師という意味もあり、サービス精神も旺盛。周囲の人を喜ばせ、楽しませることができます。自由な発想と創造力で、どんな困難でも乗り越えていく力があります。

　型にはまらない自由人で人とは違う感覚を持っているため、周囲の人からは変わった人と思われることがあるかも。大切なことは場の空気を読むようにすること。場の空気を読まず突っ走ってしまうと変人扱いされてしまうことも。

　しかし、深刻になりすぎると宇宙とのつながりも遮断され、ひらめきも降りてこなくなりますので注意。常に遊び心を忘れず、ゲーム感覚で楽しく乗り越えるようにしましょう。

　恋愛では、相手を喜ばせることが得意ですが、束縛を嫌い、熱しやすく冷めやすいところがあるようです。

黄色い人
（エブ）

一芸に秀でているあなた。生き方にこだわることで
人生の「道」を切り開いていくことでしょう

生き様にこだわる自由人。自分の得意なものや長所を伸ばす生き方をするのが、この紋章の特徴です。自分の自由意思を大切にすることから、人から強制されることを嫌います。

センスが良く、一芸に秀でている人が多いのもこの紋章の特徴です。

理解力が早いため、相手の話の途中で、相手の答えを先回りして言ってしまうようなところがあるので、最後まで話を聞くように気を付けましょう。

また、理解力が遅い人に対してせっかちになったり、見下した言い方にならないように注意しましょう。逆に自分がバカにされることを嫌います。

感激屋さんが多く、自分が感動したことを人に伝え、感化力を発揮することで、大きな影響力を与えていく人です。

赤い空歩く人
（ベン）

人の成長を手助けする奉仕の精神に溢れたあなた。
揺るぎない志はあなたのステージを押し上げるでしょう

天と地の柱という意味があり、天と地をつなぐはしご役となり、人々の成長を手助けする役割を持っています。

ボランティア精神に溢れ、面倒見もよく、指導者としての能力も持ち合わせています。いろいろな場所に顔を出す社交家で姉御肌なところもありますが、感受性が強いため、時には傷ついてしまうことも。一人ですごす時間を大切にするとよいでしょう。

そして、自分の志や信念をしっかり持って生きることが大切です。

恋愛面では、お世話をしたいところがあるので、どちらかというと少し頼りないような、面倒をみさせてくれる男性にひかれやすい面もあるでしょう。

できるだけ一時の感情に流されないように気をつけましょう。

白い魔法使い
（イーシュ）

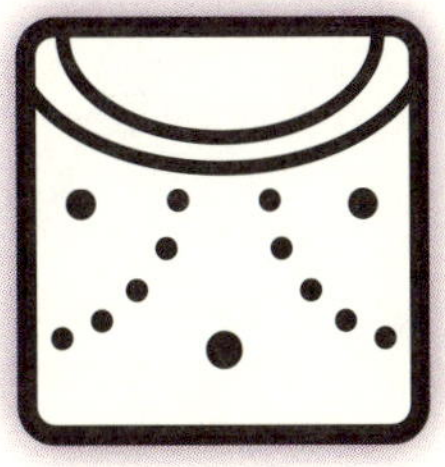

常にベストを尽くして生きているあなた。「許し」を受け入れることでますます魅力が輝くことでしょう

いつもベストを尽くす頑張り屋さんです。そのため、愛と許しが白い魔法使いの人のテーマとなるでしょう。

どれだけ人を許し受け入れられるか、また、自分を許すことも忘れてはなりません。

真面目で常にベストを尽くそうとする半面、心配性で取り越し苦労なところもあります。頭で考えすぎず、感覚を大切にするとよいでしょう。

魅力あふれる人が多い紋章ですが、注目されたいという意識が強くなると、自己中心的になる傾向があるので気をつけましょう。人目を気にしないことで生きやすくなります。人からの評価や人の目を意識しないようにするために「陰徳積善」の実践をオススメします。

恋愛面では、純粋ゆえにだまされてしまうこともあるので、よく相手を見極めましょう。

青い鷲
（メン）

人の心の動きをよく見ているあなた。自分の心を満たし、自分に休息を与えることも大切です

頭の回転が速く、鋭い眼力で先を見通す力があります。まだ誰もやっていないようなことを見つけ、戦略を練っていく力も持ち合わせています。

打たれ弱い面もあり、人の心の動きがみえすぎてネガティブになってしまうことも。モチベーションをできるだけ下げないようコントロールすることが大切です。そのためにも「テーマ」を決めて、それに向かって努力することで良い状態を保つことができるでしょう。

恋愛では、心を動かされる人にひかれます。そして心が通じ合える相手だと安心できます。恋愛中の心の状態が仕事にも影響し、いい恋愛をしている時は仕事も絶好調ですが、パートナーと喧嘩をすると仕事へのモチベーションが下がりがちに。常に心を満たしておくようにするとよいでしょう。

黄色い戦士
（キーブ）

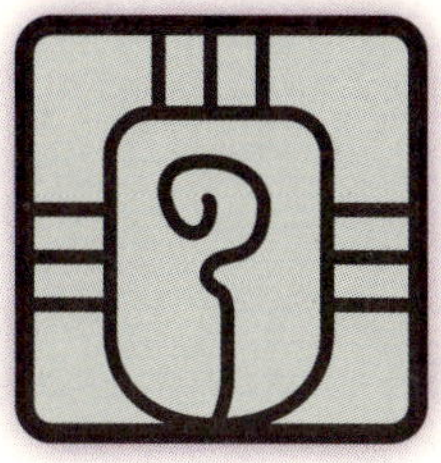

チャレンジ精神溢れる行動派のあなた。
生涯現役の姿勢で挑戦を続けましょう

チャレンジ精神にあふれる行動派。どんなに高い壁が目の前にあろうと、困難を乗り越えていく突破力を持っています。

実直で嘘がつけないことから、周囲の人からは信頼されます。戦友のような人を周りに持つことで、安心感が生まれ、さらに力が湧いてきます。ただし、不信感が芽生えた瞬間、行動に移す力が弱まります。

恋愛では、着飾らずに、ありのままの自分をみせるタイプです。情熱の恋で盛り上がるというよりも、元同級生のような、仲間に近い関係からスタートしたほうが、恋愛もうまくいきやすいでしょう。人生の荒波を乗り越えるパートナーとして、戦友・同士のような関係が理想です。

ただ、男女かかわらず人間関係においては、実直に言いすぎず、思いやりを忘れないようにしましょう。

赤い地球
（カバン）

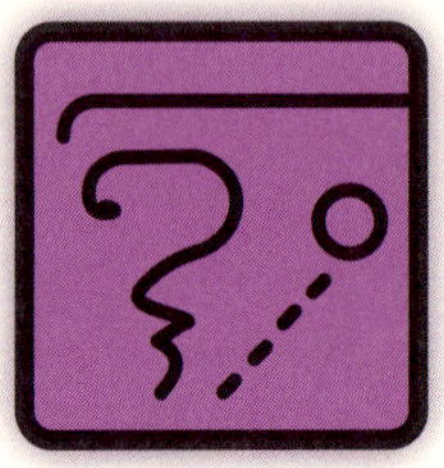

心のつながりを求め、絆を大切にするあなた。あなたの持つ言葉の力は人々の心を揺さぶることでしょう

思いやりが深く、心のつながりを大切にする人。一度絆を結んだ人のことは、よほどのことがない限り裏切ることはないでしょう。

一人で行動するよりも、仲間と行動したほうが、エネルギーが高まります。判断力にもすぐれているので、人から相談されることも多いでしょう。

本質論で語り合うことを望み、言葉の力で人の心を動かすこともできます。過去に引きずられるところがあり、未来への想いも強いので「今」に意識を向けることを忘れずに。

恋愛でも心を許せる人とは、本音で語り合い、距離を縮めることができます。寂しがり屋で、連絡をマメに取り合いたいと感じていますが、自分の生活のリズムを乱されるのは苦手。あなたのリズムを尊重してくれる人を選ぶとよいでしょう。

白い鏡
（エツナブ）

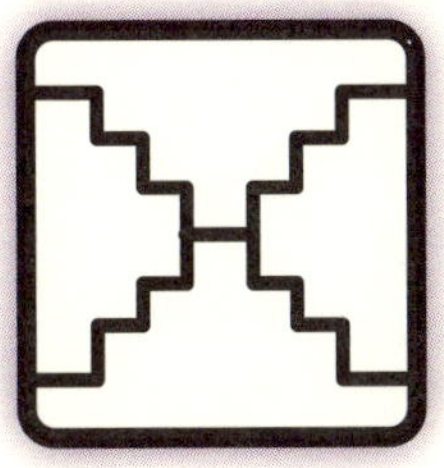

「守る」ことを大切にしているあなた。真正面から自分と向き合うことで問題を乗り越えていけます

自立心が強く、礼節を重んじ、秩序を大切にします。

「守る」ということを大切にしていますので、嘘をついたり、約束を守らない人、言行一致しない人に対しては不快感を表します。

しかし、自分の枠で「こうあるべき」と、相手の事情を考えず、自分勝手な判断をしがちなので、そこは気を付けましょう。

自立心が強く、恋愛でも甘えることを苦手にしている傾向があります。真面目な恋愛をするタイプでしょう。

白い鏡の人と恋愛をする時は、べったりすることが苦手な傾向にあるので、ある程度の距離感を大切にしましょう。

目の前で起きる出来事は自分の心が反映されたものと考え、心を磨き続けることを忘れないようにしましょう。

青い嵐
（カウアク）

周りを巻き込んでいく強い力を持っているあなた。
「信じて任せる」ことで次のステージに進むでしょう

嵐のような強いエネルギーにあふれ、自分の理念を持ち、現状に甘んじず、常に自分を変えていきたいと思うような、向上心ある人です。

ただ、思い込みが強いところがあり、その力がプラスに働いているうちはよいのですが、スランプに陥ると被害者的意識に支配されがち。絶対的理解者を持っておくことで心が安定しやすくなるでしょう。

恋愛では、惚れ込んだ人に出会えるといっそう元気が出ます。ただし、相手と連絡が取れない時は、どんどんと悪い方向に考えてしまいがちです。青い嵐の人と付き合う場合は、こまめに連絡を取り、安心させてあげるとよいでしょう。

人に任せることが苦手でつい自分でやってしまいがち。「明け渡す」ということができた時に、次のステージに向かうことができるでしょう。

黄色い太陽

（アハウ）

しっかり者のあなた。太陽のように揺るがないものを持つことで、人々の拠り所のような存在になるでしょう

太陽のような明るさと存在感を持ち、周囲の人を明るくを照らします。しっかり者で、責任感が強く、生まれながらにして、恵まれやすい一面があります。

小さなことにはこだわらず、人に対しても公平に接します。コソコソと人に隠れて何かをすることは苦手。正々堂々と生きたいところがあります。

そのため、時に自己中心的になってしまうことも。自分の意見が通って当たり前ではなく、自分を支えてくれる人たちに感謝の気持ちを忘れないように。人からとやかく言われることを嫌う傾向にありますが、できるだけ話が聞けるよう自己コントロールすることが大切です。

恋愛面では自分の思いばかりを押し通すのではなく、相手の気持ちを尊重することも忘れないようにしましょう。

紋章の関係性について

紋章でみる関係性にも4つの関係性があります。

類似キン、反対キン、神秘キン、ガイドキンという関係性です。

例えば、AさんとBさんの間には類似キンという関係性があり、AさんとCさんの間には反対キンという関係性があるかもしれません。しかし、AさんとDさんの間には、これら4つの関係性が1つもないという場合もあります。


関係性はあるから良い、ないから悪いではなく、意味があってそうなっています。

類似キン

類似キンは、自分と感覚や考え方が似ている人です。横並びの関係といってもよいでしょう。一緒にいて居心地がよく、対立をしたり喧嘩に発展することも少なく、意思が通じやすい関係です。

類似 KIN

赤い龍 × 白い鏡	秩序を重んじまっすぐな「赤い龍」と純粋で几帳面な「白い鏡」。脇道にそれることなく、物事が順調に進むコンビです。
白い風 × 赤い地球	両方の紋章ともにメンタルは弱い方で心と心の触れ合い、語り合いを大事にするタイプ。相手をよく知ることで安心する２人なので、擦れ違いが起きにくい。
青い夜 × 黄色い戦士	夢を大事にする「青い夜」とチャレンジャーな「黄色い戦士」。目的や目標が同じだった時の達成力はピカイチ！
黄色い種 × 青い鷲	探究心の強い「黄色い種」と知的で冷静な視点を持った「青い鷲」のコンビは、周囲も驚く成果をあげることができるでしょう。
赤い月 × 白い犬	使命感を持った時に全力で突き進む「赤い月」と、信頼に応えようと一生懸命頑張る「白い犬」。信じた道を誠実に進んでいくことができる組み合わせです。
黄色い星 × 青い猿	本物志向が高くきらびやかな「黄色い星」と、創意工夫に長けた「青い猿」という芸術的感性の高い紋章。相乗効果でクリエイティブなものを生み出せるでしょう。
白い世界の橋渡し × 赤い空歩く人	様々な世界と結びつきを持っている「白い世界の橋渡し」と、社交的な面を持ち新しい世界に入っていくことができる「赤い空歩く人」。２人が出会うと一気に世界が広がります。
赤い蛇 × 白い魔法使い	ひたむきで集中力の高い「赤い蛇」と、ベストをつくすために尽力する「白い魔法使い」。目標達成のために全力で没頭することでしょう。
青い手 × 黄色い人	両紋章ともに相手を理解しようとする能力が高く、理解し合えることでストレスのない人間関係が築けるでしょう。
青い嵐 × 黄色い太陽	思いの強さで人を巻き込み、人に良い影響を与えるエネルギーの「青い嵐」と、自らの明るさと知性で人を勇気づける「黄色い太陽」。人を巻き込みながら成長できるでしょう。

類似キンの場合は、カップル、友人、夫婦、兄弟、親子、上司と部下、同僚など、どの関係であってもうまくいきやすい関係です。夫婦の場合は友達のような夫婦関係になることが多いです。

上司と部下や同僚など、仕事のパートナーとしても最適です。スポーツなどのチームメイトの場合も、同じ目標に向かって、同じスタンスで取り組むことができます。

反対キン

反対キンは、立ち位置として背中合わせの関係です。お互いが反対の方向を見ています。

反対キンの関係にある相手とは、その関係をよくするのも悪くするのも、接し方によって変わります。「あの人とは意見が違うから合わない」と切り捨ててしまえば、そこで関係は終わってしまいます。

しかし、「そういう考え方があったんだ」と、お互いの違う視点を認め合うことができれば、世界が一気に広がります。**反対キンの人は、自分が見えない景色を見せてくれる学びの相手**だと思うようにするとよいでしょう。

反対KIN

黄色い太陽 × 白い犬	リーダタイプの「黄色い太陽」と忠誠心の強い「白い犬」。役割分担がしっかりできればベストコンビに。
赤い龍 × 青い猿	真面目でプライドの高い「赤い龍」とユーモアがあり失敗も笑いに変えられる「青い猿」。お互いにない部分を取り入れることで成長できる組み合わせです。
白い風 × 黄色い人	感覚派の「白い風」と論理的で納得して進めたい「黄色い人」。役割分担がしっかりできれば物事が効率よく進められ、濃い内容のものに。
青い夜 × 赤い空歩く人	夢見がちで個人主義の「青い夜」と世のため人のためと考える「赤い空歩く人」。違いを理解し、少しでもお互いの考え方を取り入れられると人間関係がラクになるでしょう。
黄色い種 × 白い魔法使い	確固たる事実、自分が納得できることを重視する「黄色い種」と、純粋で不思議なことも受け入れられる「白い魔法使い」。壁にぶつかった時にお互いの考え方が突破口に。
赤い蛇 × 青い鷲	情熱的に今を生きる「赤い蛇」と冷静で将来を見通しながら動く「青い鷲」。補いながら物事を進められるとスムーズに目標が達成できるでしょう。
白い世界の橋渡し × 黄色い戦士	平和主義者の「白い世界の橋渡し」と戦いをいとわない「黄色い戦士」。お互い学ぶべきところがたくさんあるでしょう。
青い手 × 赤い地球	分析型で何事も自分で進めていく「青い手」と感情を大切にし仲間意識の強い「赤い地球」。チームの役割がしっかりするとうまくいくでしょう。
黄色い星 × 白い鏡	外見の美しさを大切にする「黄色い星」と内面の美を大切にする「白い鏡」。お互いの美しさに気づけばもっと美しくなるでしょう。
赤い月 × 青い嵐	冷静かつ腰の重い「赤い月」と思い込みで衝動的に動いてしまう「青い嵐」。ミスジャッジが少なくなる組み合わせ。

恋人同士、夫婦はもちろんのこと、ビジネスパートナーとしても、お互いの考えを尊重し、理解し合うことができれば、お互いを高め合える最高の組み合わせになる可能性を秘めています。

神秘キン

類似キンが横並び、反対キンが背中合わせだとしたら、**神秘キンは向かい合っている関係**です。**お互いにひかれ合い刺激を与える**こともできます。

神秘キンは、「神秘」という言葉から連想できるように、ベールに包まれたような部分もあるため、相手のことがよく分からないということもあるかもしれません。そんな紙一重の状態が、刺激を生む関係ともいえます。夫婦で神秘キンの場合は、いつまでも恋人同士のような刺激的な関係が続くこともありますが、ひとたびケンカになると、とても激しいケンカになることも。

ただし、夫婦に限らずこの関係は一度亀裂が入ると泥沼化することもありますので、

神秘 KIN

赤い龍 × 黄色い太陽	勢いある行動や真面目な姿勢が人々に信頼をもたらす「赤い龍」と、存在自体が人々に安心感を与える「黄色い太陽」。思った通りに物事を進めやすい関係。
白い風 × 青い嵐	繊細さを持った「白い風」と巻き込む力のある「青い嵐」。自分の感性や気持ちに正直になることで本来のミッションに気づくことができるでしょう。
青い夜 × 白い鏡	ミステリアスでつかみどころのない「青い夜」と透明感がありわかりやすい「白い鏡」。刺激を与え合うことで無限の可能性の扉が開かれることでしょう。
黄色い種 × 赤い地球	探究心があり専門性の高い「黄色い種」と引率力がありリーダーシップを持った「赤い地球」。人、物事をまとめあげ、大きな成果を出せるかもしれません。
赤い蛇 × 黄色い戦士	明確で本能に正直な「赤い蛇」と実直で正直な「黄色い戦士」。力強い推進力は３次元を超えたパワーを呼び起こすことでしょう。
白い世界の橋渡し × 青い鷲	コミュニケーション能力が高い「白い世界の橋渡し」と俯瞰して物事を見ることができる「青い鷲」のコンビは様々な人に関わり影響を与えるようなことを成し遂げるでしょう。
青い手 × 白い魔法使い	実現するための分析力を持ち合わせている「青い手」とプロデュース力に優れた「白い魔法使い」がタッグを組めばひたむきに物事をやり遂げることができるでしょう。
黄色い星 × 赤い空歩く人	意欲的に何事にも挑戦する「赤い空歩く人」と堅実に物事を進めていく「黄色い星」。落とし穴にハマるようなことが回避できる関係。
赤い月 × 黄色い人	直感力のある「赤い月」と論理を重視する「黄色い人」。お互いのセンスの良さを生かすと不思議な魅力が生まれることでしょう。
白い犬 × 青い猿	愛と忠誠を大切にする「白い犬」と新しいアイデアをどんどん取り入れる「青い猿」。ゴールに向かう時の相乗効果は大きいですが、気をつけないと犬猿の仲になってしまいます。

お互いを尊重する気持ちを忘れないようにしましょう。

ガイドキン

ガイドキンは、自分の一歩前を歩いてくれているような存在です。**自分をガイドしてくれる、導いてくれる人**です。

例えば、夫のガイドキンが妻の場合は、何かと妻を頼ることになるでしょう。子どもが親のガイドキンになっている場合は、親は子どもを通して助けられることが多いということになります。

また、上司や友人などで、自分の苦手な人がガイドキンの場合は、反面教師として現れている場合もあります。仲が良い悪いで判断するのではなく、その姿をみることで教えられていることがあるのかもしれません。

類似キン、反対キン、神秘キンにおきましては、必ずお互いがその関係になっていますが、ガイドキンだけは必ずしもお互いがその関係になっているわけではありません。

ガイドキンの出し方　自分の太陽の紋章と音を使って出します

銀河の音 ＼ 太陽の紋章	1、6、11	2、7、12	3、8、13	4、9	5、10
赤い龍	赤い龍	赤い空歩く人	赤い蛇	赤い地球	赤い月
白い風	白い風	白い魔法使い	白い世界の橋渡し	白い鏡	白い犬
青い夜	青い夜	青い鷲	青い手	青い嵐	青い猿
黄色い種	黄色い種	黄色い戦士	黄色い星	黄色い太陽	黄色い人
赤い蛇	赤い蛇	赤い地球	赤い月	赤い龍	赤い空歩く人
白い世界の橋渡し	白い世界の橋渡し	白い鏡	白い犬	白い風	白い魔法使い
青い手	青い手	青い嵐	青い猿	青い夜	青い鷲
黄色い星	黄色い星	黄色い太陽	黄色い人	黄色い種	黄色い戦士
赤い月	赤い月	赤い龍	赤い空歩く人	赤い蛇	赤い地球
白い犬	白い犬	白い風	白い魔法使い	白い世界の橋渡し	白い鏡
青い猿	青い猿	青い夜	青い鷲	青い手	青い嵐
黄色い人	黄色い人	黄色い種	黄色い戦士	黄色い星	黄色い太陽
赤い空歩く人	赤い空歩く人	赤い蛇	赤い地球	赤い月	赤い龍
白い魔法使い	白い魔法使い	白い世界の橋渡し	白い鏡	白い犬	白い風
青い鷲	青い鷲	青い手	青い嵐	青い猿	青い夜
黄色い戦士	黄色い戦士	黄色い星	黄色い太陽	黄色い人	黄色い種
赤い地球	赤い地球	赤い月	赤い龍	赤い空歩く人	赤い蛇
白い鏡	白い鏡	白い犬	白い風	白い魔法使い	白い世界の橋渡し
青い嵐	青い嵐	青い猿	青い夜	青い鷲	青い手
黄色い太陽	黄色い太陽	黄色い人	黄色い種	黄色い戦士	黄色い星

例えば、AさんのガイドキンはBさん。でもBさんのガイドキンはCさんというようになっています。稀にお互いがガイドキン同士になっていることもあります。

コラム 3

紋章で分けられている4つの「色」のヒミツ

赤、白、青、黄の4色には、それぞれの特徴があります。4色それぞれが起承転結と方角に結び付いており、その人を助けてくれるものや、エネルギーを高めてくれる時間帯、エネルギーが落ちてしまった時の対処法を教えてくれます。ご自分の太陽の紋章の色でみていきましょう。(自分の太陽の紋章の色はガイドキンの色でもあるため、導かれることが多くなります)

太陽の紋章が赤色の人は、起承転結の「起」にあたり、東に位置付けられています。東は「社会」を表し、赤の人は社会との関わりの中で助けられることが多いでしょう。

ですので、できるだけ日頃から社会とかかわっておくようにしましょう。
また、赤は太陽が昇る東の方角に位置づけられているので、朝日が昇る朝の時間帯にエネルギーが高まるでしょう。朝活など積極的にするとよいでしょう。日々の生活の中でエネルギーの弱まりを感じた時は、土に触れることでエネルギーが高まります。

白は、起承転結の「承」で、北に位置付けられています。北は先祖を表す場所で、ご先祖様や目にみえないものに助けられる人です。日頃からご先祖様を大切にしたり、感謝するようにしておきましょう。
エネルギーが高まる時間帯は真夜中。寝る前の時間の使い方を大切にして、例えば瞑想をするなどがオススメです。日々の生活の中でエネルギーの弱まりを感じた時は「空気」「呼吸」を意識し、新しく空気を入れ替えたり、美味しい空気を吸うなどしてエネルギーを新しくしていきましょう。

青は、起承転結の「転」で、西に位置付けられています。西はパートナーを意味します。仕事、配偶者など、誰をパートナーに選ぶかで人生に影響します。よき理解者を得ることが大切です。

青の人は夕方の時間帯にエネルギーが高まります。日々の生活の中でエネルギーが弱まった時は、お風呂に入ったり、温泉に浸かったりして、水の力を借りるとよいでしょう。

黄は、起承転結の「結」で、南に位置付けられています。南は子ども、理想、未来を表しています。黄の人は、未来を明確に夢見るなど、自分の理想に助けられます。

エネルギーが高まる時間帯は真昼間。正々堂々と生きたいタイプです。日々の生活の中でエネルギーが弱まった時は、料理をしたり、キャンドルを灯したりして、火の力を借りるとよいでしょう。

このように自分のエネルギーの高まる時間帯や、相手を元気にするものを知り、相手との関係性をよくするのにぜひ役立ててみてください。

第5部

「銀河の音」と「紋章」でみる魂が輝く人間関係の築き方

ここまでにご紹介してきた「銀河の音」「太陽の紋章」「ウェイブスペル」を組み合わせることによって、人間関係をより深く理解することができるようになります。

事例の読み解き方を参考にしながら、ぜひご自身の周りの方との関係も読み解いてみてください。なぜか反発し合ってしまう理由や、同じ子どもでも接し方が変わってくる謎が明らかになってくることと思います。

その際には188～189ページにある関係性がわかる書き込み表をご活用ください。

事例1 親子関係の悩み

高校生になった娘さんの反抗期に悩んでいるお母さんからの相談です。

「何を言っても反抗するようになってしまい……。正直何を考えているかよくわからず、どう扱えばいいのでしょうか」

と手を焼いている様子でした。

さっそく、このご家庭の関係をマヤ暦から読み解いていきましょう。

142〜143ページをご覧ください。

この家庭のお父さんは、イチローとまったく同じナンバーです。こだわりが強く、自分の得意なものを極めるタイプ。息子さんはキン1で「赤い龍・赤い龍」で音が1。始まりのエネルギーを持っているので、勢いがありすごく元気なお子さんでしょう。

一方、お母さんの悩みの種である娘さんは、太陽の紋章が「青い猿」で、オリジナルな世界観を持ったお子さんです。抑え込めば抑え込むほど不満がたまり、いつか爆発してしまうかも。いっそうのこと、自由にさせてあげたほうがよいでしょう。

多少のやんちゃな部分を、お母さんが面白がってあげられるとよいでしょう。娘さんの良い部分を伸ばすか潰すかはお母さん次第。あまり口うるさく言わないほうがよいでしょう。

また、お母さんの太陽の紋章である「青い鷲」、音9のガイドキンは、「青い猿」と

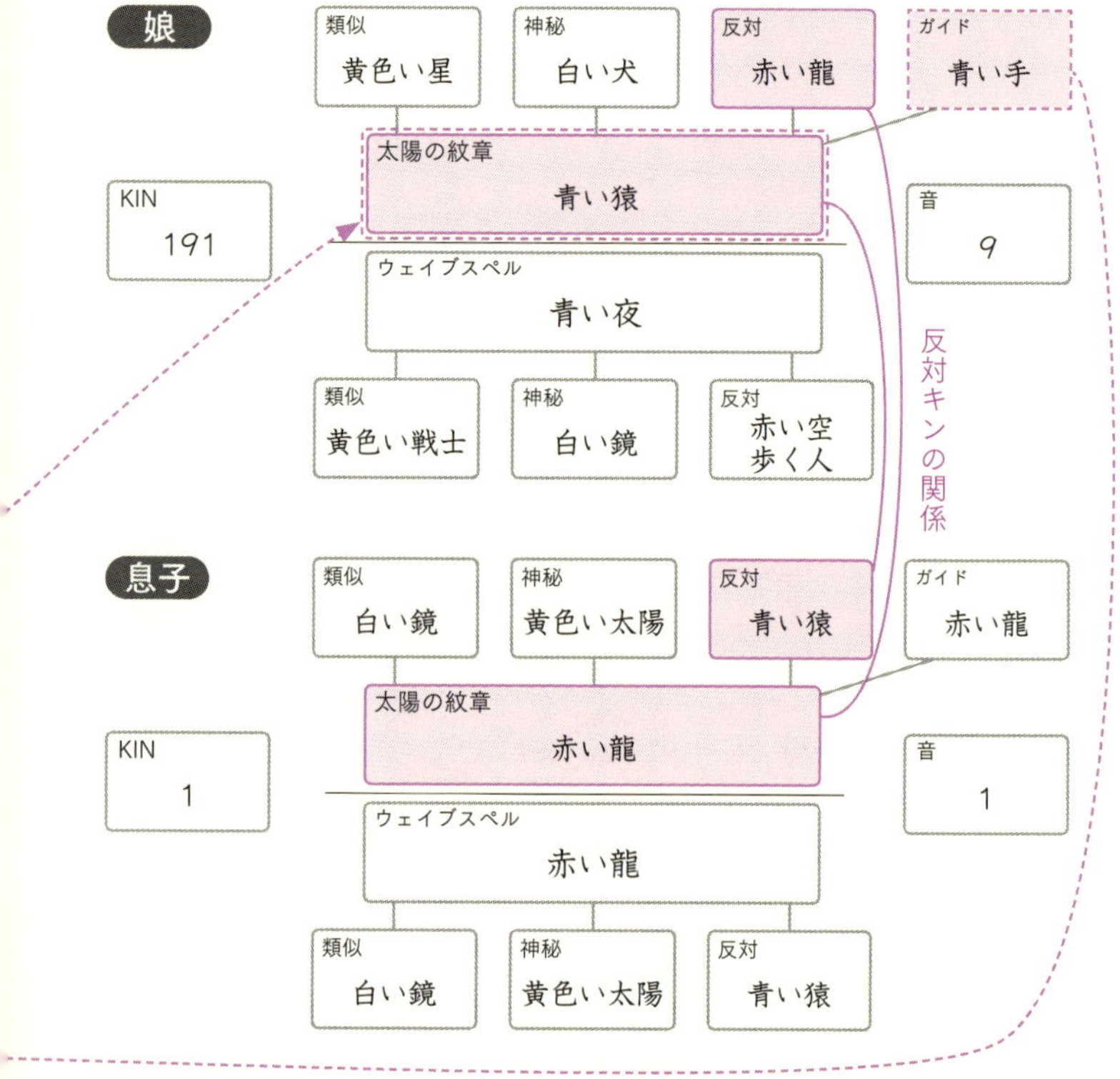
娘
KIN
191
類似
黄色い星
神秘
白い犬
反対
赤い龍
ガイド
青い手
太陽の紋章
青い猿
音
9
ウェイブスペル
青い夜
類似
黄色い戦士
神秘
白い鏡
反対
赤い空歩く人
反対キンの関係
息子
KIN
1
類似
白い鏡
神秘
黄色い太陽
反対
青い猿
ガイド
赤い龍
太陽の紋章
赤い龍
音
1
ウェイブスペル
赤い龍
類似
白い鏡
神秘
黄色い太陽
反対
青い猿

家族の音の関係

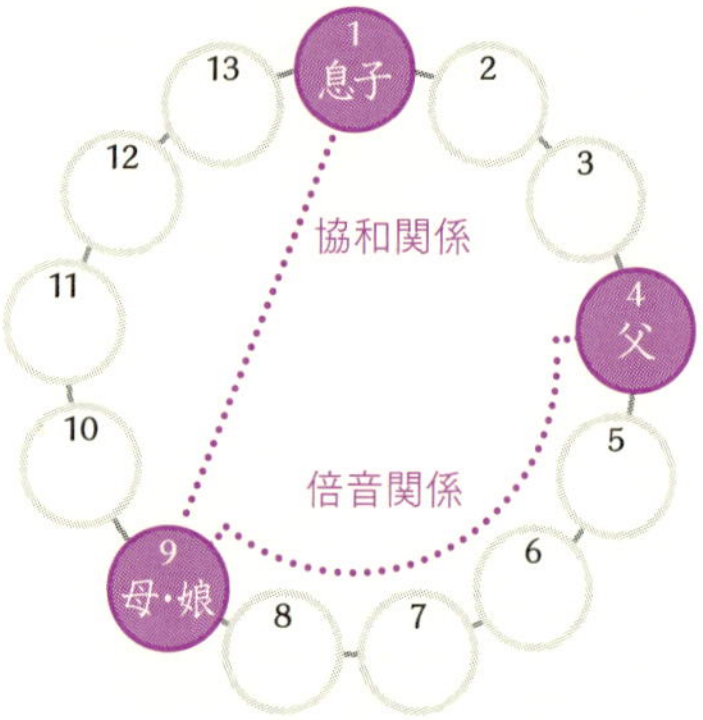
1
息子
2
3
4
父
5
6
7
8
9
母・娘
10
11
12
13
協和関係
倍音関係

事例１ 親子関係の悩み

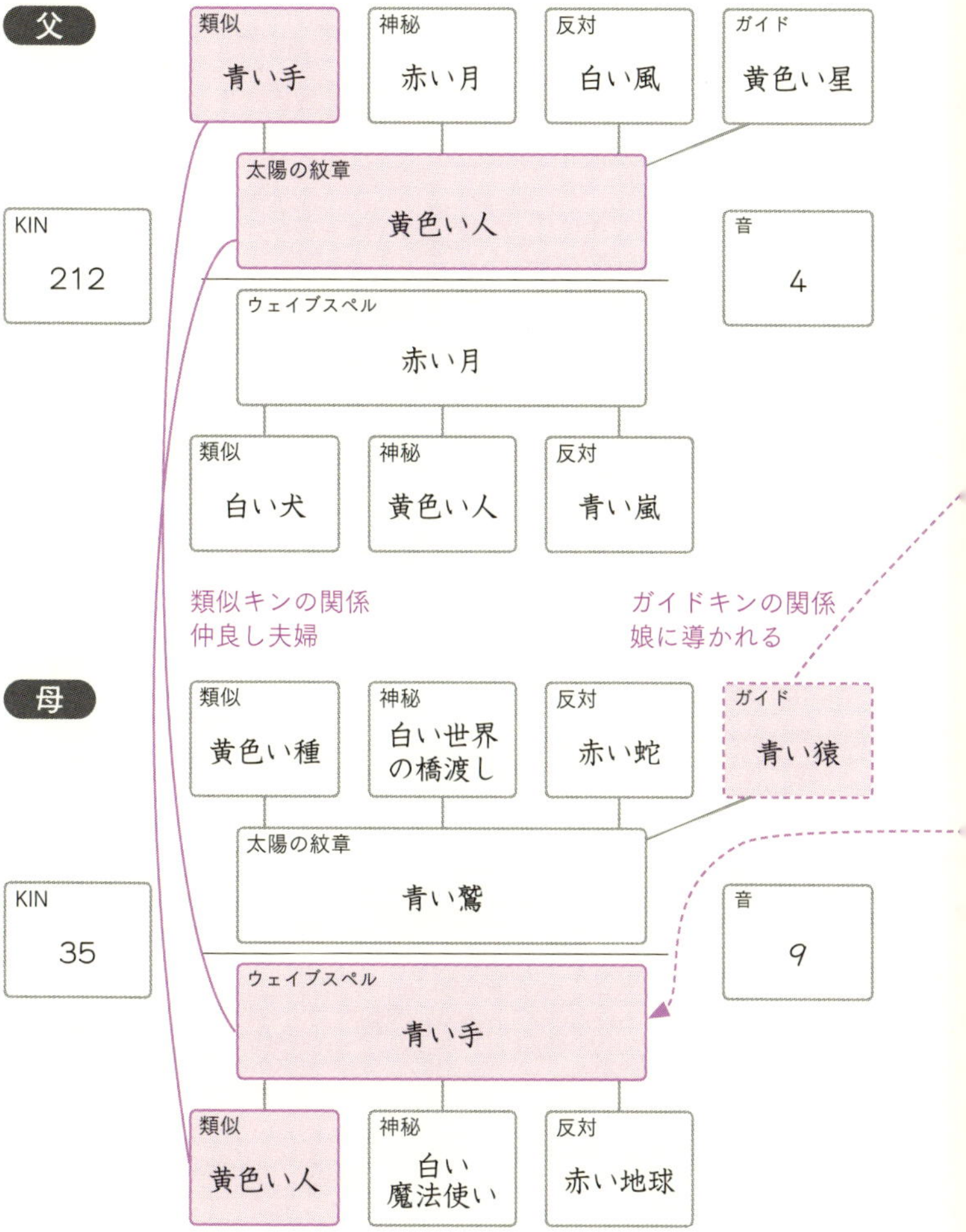
父
類似
青い手
神秘
赤い月
反対
白い風
ガイド
黄色い星
太陽の紋章
黄色い人
KIN
212
音
4
ウェイブスペル
赤い月
類似
白い犬
神秘
黄色い人
反対
青い嵐
類似キンの関係
仲良し夫婦
ガイドキンの関係
娘に導かれる
母
類似
黄色い種
神秘
白い世界の橋渡し
反対
赤い蛇
ガイド
青い猿
太陽の紋章
青い鷲
KIN
35
音
9
ウェイブスペル
青い手
類似
黄色い人
神秘
白い魔法使い
反対
赤い地球

なるので、まさに娘さんが、ガイドとなります。お母さんは娘さんの持つ世界観から、これまでにない世界の捉え方を教えてもらえているんだなと思うことができれば、世界がさらに広がり、人生がおもしろくなるかもしれません。ちなみに娘さんのガイドキンもお母さんになっています。

お母さんと娘さんは音が同じですので、まめにコミュケーションをとることをオススメします。「すごいね。面白いね。そんな発想するのね。お母さんには、とても思いつかないわ」というように、娘さんのやっていることを褒めて認めてあげるようにすると、だんだんと母娘の関係はよくなっていくでしょう。

お父さんと娘さんは音がそれぞれ4と9で倍音関係にあります。娘さんがハマっていることや、得意なものや好きなことに一直線というタイプです。娘さんがハマっていることや、好きなことを認め、尊重してあげることができれば、いたずらに反抗するようなことはなく、一生懸命、自分の道を進んでいくことができるでしょう。

事例２ 姉弟の子育てに迷う

同じく、子育てに悩んでいるお母さん。今回は手をかけすぎてしまったために甘えんぼうになった弟と、何でも反発するお姉ちゃんというケースです。

１４６～１４７ページをご覧ください。

まずは音からみていきましょう。

お母さんの音４の前に息子の音３、お父さんの音７の前に娘の音６があります。つまり、お母さんは息子のやることが気になり手をかけたくなってしまい、お父さんは娘を気遣っている様子がうかがえます。そして、娘は２つ前のお母さんを助けようとしています。

家族全員が、２番以内の音でつながっているので、結束が強い家族です。お父さんは、細かいことに気がつく人。お母さんは、結婚を機に人生がよくなるキンナンバーですので、家族としてはうまくいっていると思います。

娘

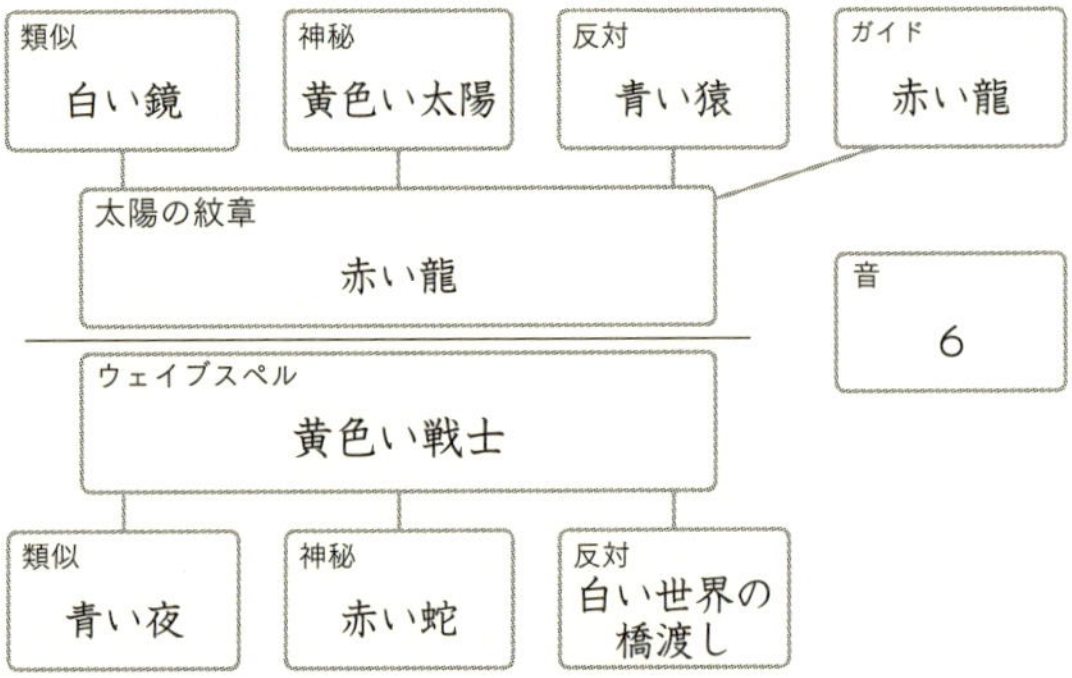

類似
白い鏡
神秘
黄色い太陽
反対
青い猿
ガイド
赤い龍
太陽の紋章
赤い龍
KIN
201
音
6
ウェイブスペル
黄色い戦士
類似
青い夜
神秘
赤い蛇
反対
白い世界の
橋渡し

息子

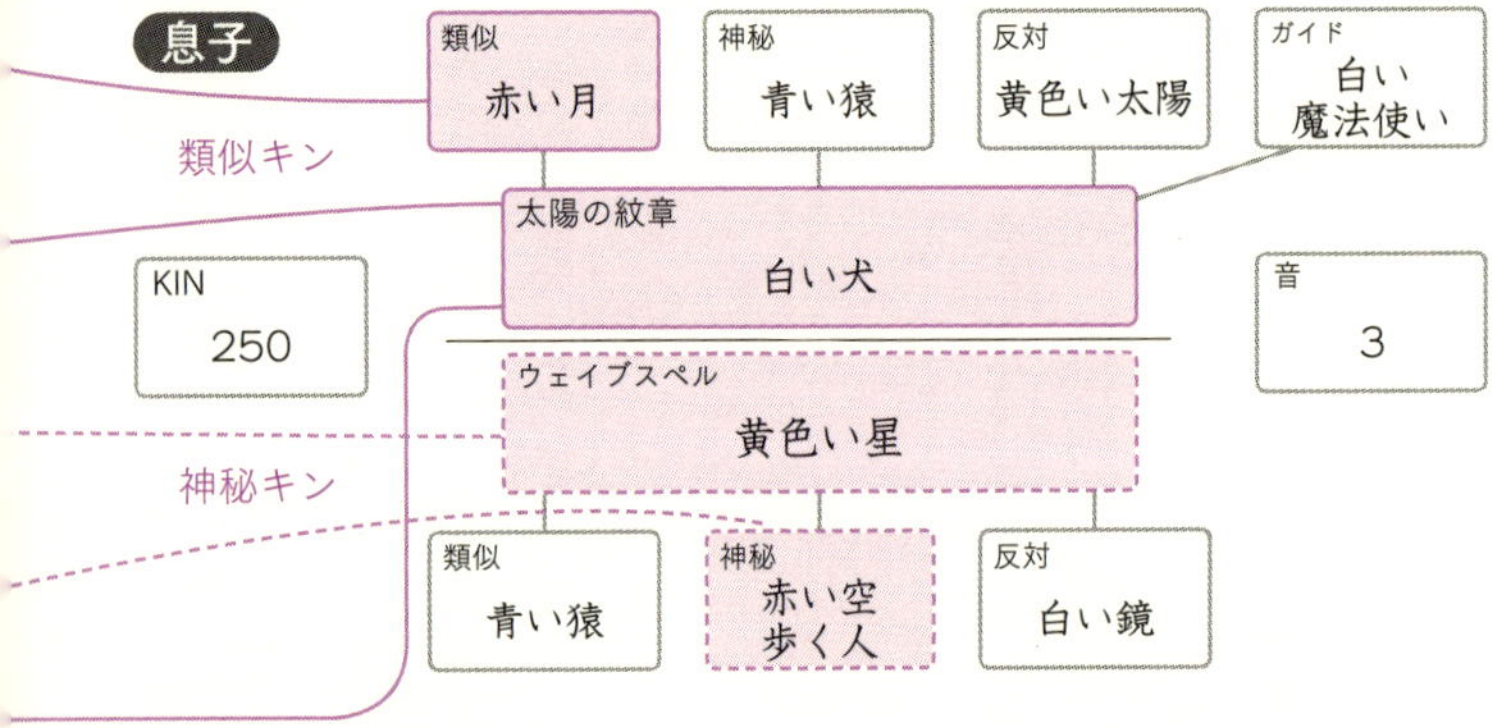

類似
赤い月
神秘
青い猿
反対
黄色い太陽
ガイド
白い
魔法使い
類似キン
太陽の紋章
白い犬
KIN
250
音
3
ウェイブスペル
黄色い星
神秘キン
類似
青い猿
神秘
赤い空
歩く人
反対
白い鏡

家族の音の関係

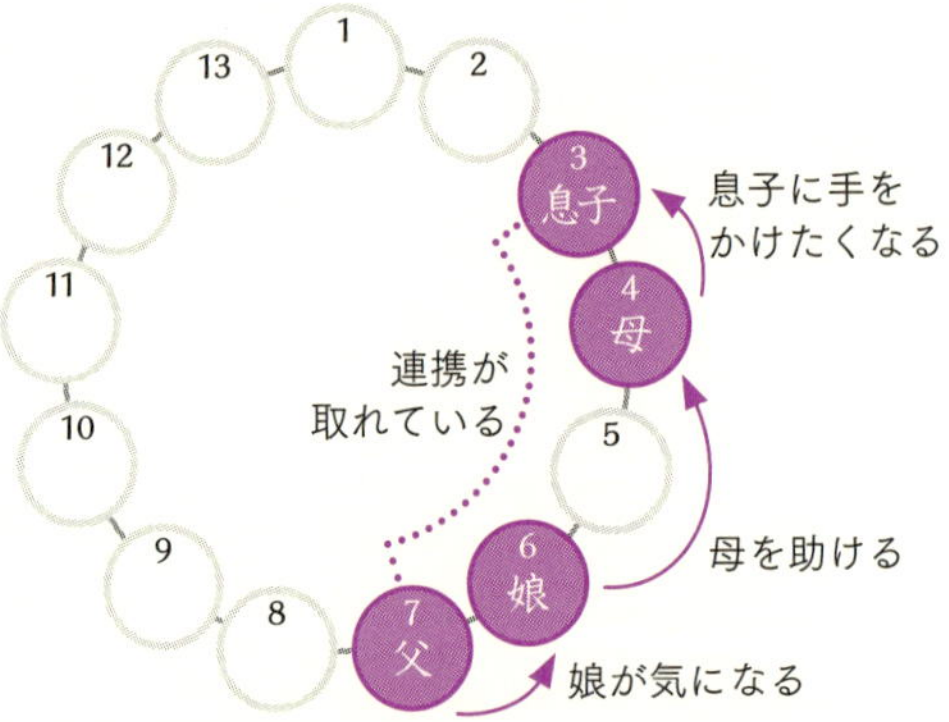

1
2
3
息子
4
母
5
6
娘
7
父
8
9
10
11
12
13
息子に手を
かけたくなる
連携が
取れている
母を助ける
娘が気になる

事例２ 姉弟の子育てに迷う

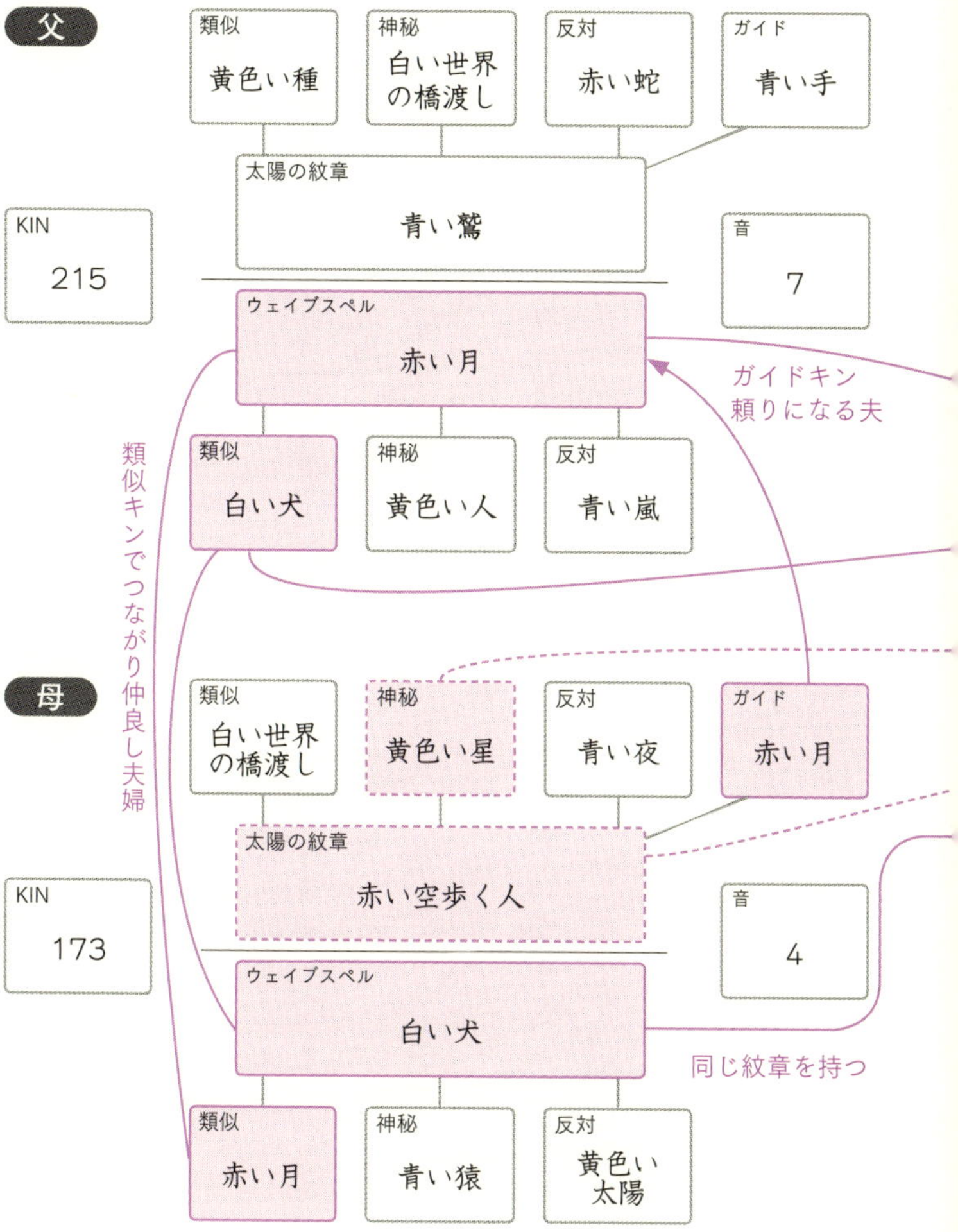
父
類似
黄色い種
神秘
白い世界の橋渡し
反対
赤い蛇
ガイド
青い手
太陽の紋章
青い鷲
KIN
215
音
7
ウェイブスペル
赤い月
ガイドキン
頼りになる夫
類似
白い犬
神秘
黄色い人
反対
青い嵐
類似キンでつながり仲良し夫婦
母
類似
白い世界の橋渡し
神秘
黄色い星
反対
青い夜
ガイド
赤い月
太陽の紋章
赤い空歩く人
KIN
173
音
4
ウェイブスペル
白い犬
同じ紋章を持つ
類似
赤い月
神秘
青い猿
反対
黄色い太陽

娘は、音6でマイペース。さらにキン201は、一番めげないキンナンバーと言われ、メンタルも強く、プライドの高いところがあります。ウェイブスペルに「黄色い戦士」を持っており、母に何か言われると言い返したくなるような負けず嫌いなところもあります。

紋章からは、両親と娘は関係性がないことがわかります。このような場合、友人や先生など、外での出会いや社会がこの娘さんを育ててくれることを暗示しています。できるだけ手をかけないようにし、見守るスタンスでいくことをオススメします。

息子さんは太陽の紋章が「白い犬」ですので、厳しい環境もへっちゃらだと思いますが、実際は甘えんぼうとのこと。おそらく、まだ親にじゃれたい、愛がほしい子犬のような感覚なのでしょう。

今は甘えんぼうかもしれませんが、お母さんが徐々に息子一人でできることをふやしていくことを指導していけば、しっかりと自分ひとりでこなすようなタイプへと成長していくことでしょう。

甘えんぼうの息子ばかりに手を掛けていると、娘さんは「いつも弟ばっかり……」と不満を抱えてしまうかもしれません。たまには、娘さんと二人きりで「弟には内緒ね」とランチに行くなど、特別感を演出するとよいでしょう。「自分も大切にされている」と感じることで、お母さんの言うことも聞くようになるでしょうし、弟の面倒もよくみるようになるでしょう。

事例3　国際恋愛の不安

大好きなキューバで運命の出会いをしてしまったという女性のお悩みです。

「毎年遊びに行くキューバで、2回りも年下のキューバ人男性に一目ぼれされてしまいました。連絡先を交換し、スカイプで毎日おしゃべりをする関係になったのですが、このまま恋愛関係に進んでもよいものでしょうか？」

マヤ暦で関係性をみてみましょう。151ページをご覧ください。

2人は音6と10で協和関係になっています。共通の挑戦やテーマがあると、お互いに力を出し合える関係です。国際結婚を目指す、人生のパートナーとして生きるなど、どういう幸せのカタチを目指したいのか話し合いながら、それを成し遂げられる2人です。

男性は、太陽の紋章に「青い夜」、ウェイブスペルに「白い鏡」を持ち、やりたい事や夢がたくさんあり、こうと決めた時の意志はとても強いものがあります。また、音が6ですのでマイペースに夢に向かって進んでいく人でしょう。ただ、太陽の紋章が「青い夜」のため、ミステリアスな部分があるかもしれません。

では、2人の関係性をみてみましょう。

「赤い龍」と「白い鏡」の類似キンがあり、仲良しの関係を築きやすいです。

この場合、関係性があるので、遠距離恋愛になった場合、まめに連絡を取り合えるかどうかが鍵となります。

気を付けておいたほうがよいことは、彼女は「赤い龍」でプライドが高いところも

事例３ 国際恋愛の不安

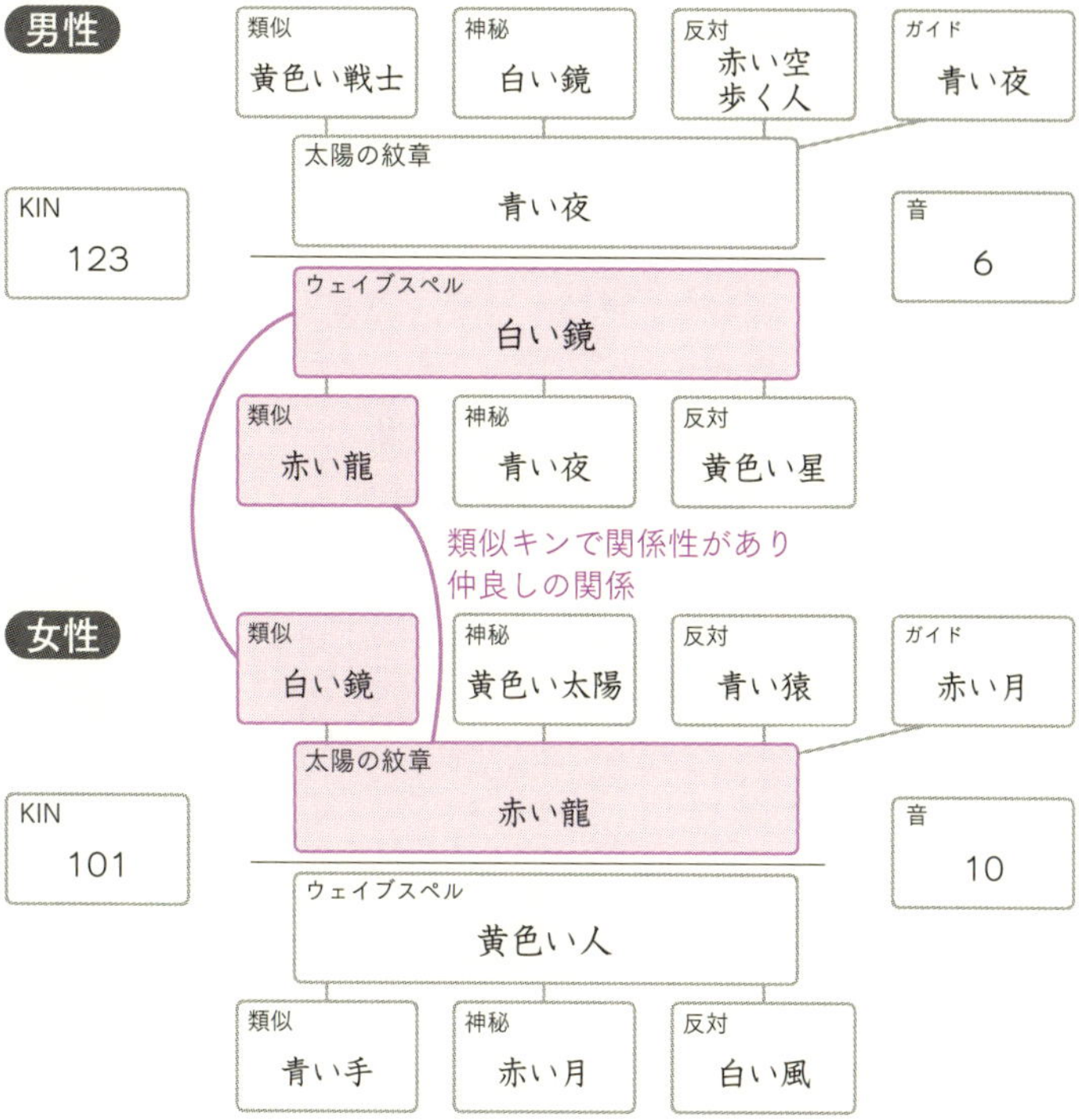

家族の音の関係

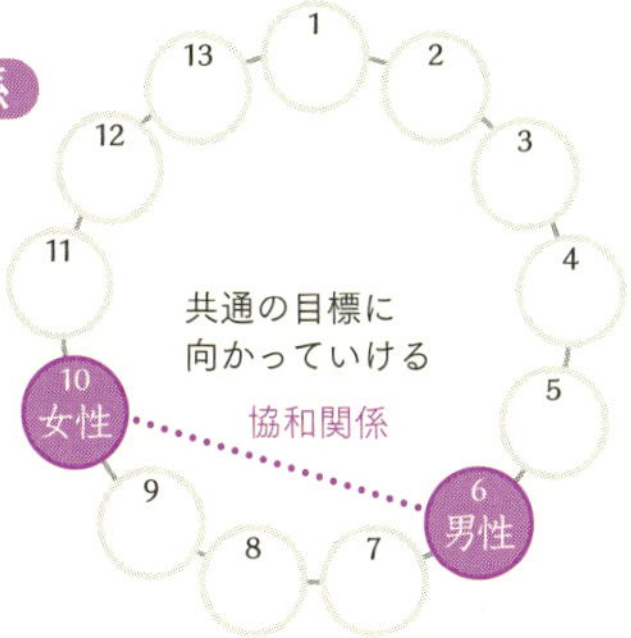

あり、真実を知りたいと思うタイプですので、相手にミステリアスな部分を感じると不安になり、相手のスケジュールをいつも把握しておきたくなるかもしれません。そうすると男性は息苦しく感じるかもしれませんので気をつけましょう。

この本では触れませんでしたが、彼も彼女も前へ進むことが応援される年回りでした。以上のような関係性から、先のことは恐れず、飛び込んでみるのもありです。男性は、キンナンバーが123で、マイペースなところがあり、べったりというのが結構苦手です。連絡さえまめにしていれば遠距離でも大丈夫でしょう。年に数回、行ったり来たりの関係を楽しんでみてください。

事例4 チームのまとまりがない

「各々が自由に仕事をしていて、チームの連携が取れれば、もっと効率よくすすめていけるのでは……」という職場での悩み。

チームとしてまとまりがないということですが、154〜155ページをご覧ください。部下1と部下2は、音が続いているので連携関係があります。また、「白い犬」と「青い猿」は神秘キンの関係です。

リーダーと部下1は、「赤い空歩く人」という共通の紋章がありますが、「青い夜」と「赤い空歩く人」は反対キンでもあります。2人とも面倒見がよく、対外的なやり取りも上手でわかり合える部分も多いのですが、お互いの視点の違いに気づけると、さらに世界が広がるでしょう。

また、部下1は「白い犬」を持っています。リーダーの言うことに対して忠実に仕事をこなすタイプです。リーダーは部下1がいると、すごく仕事がしやすいのではないでしょうか。

リーダーは音11で、初志貫徹型。自分が納得をする仕事をしたいと考えているところがあるでしょう。

部下2とリーダーは音も紋章も関係性がありません。

部下２

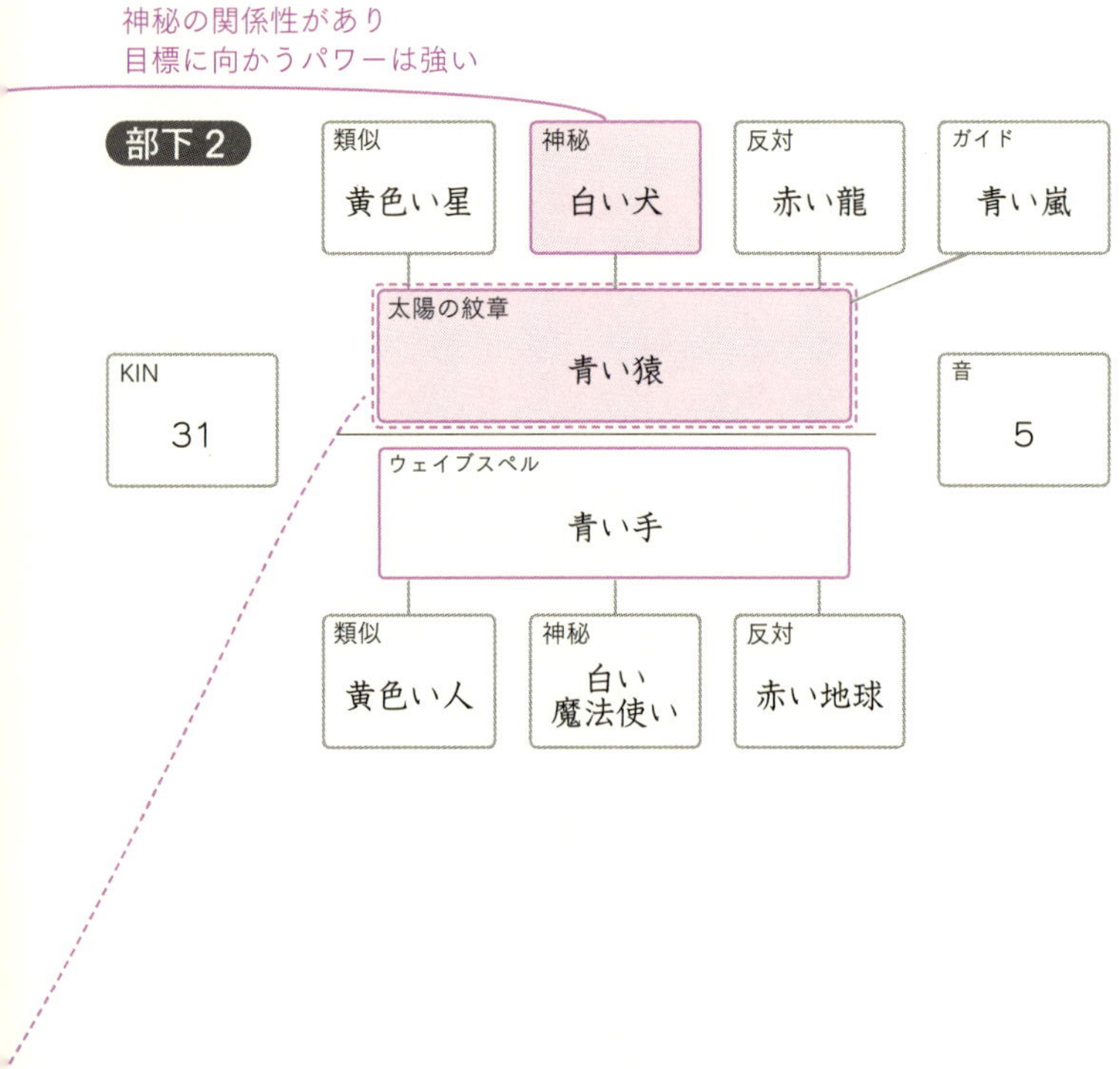
神秘の関係性があり
目標に向かうパワーは強い
類似
黄色い星
神秘
白い犬
反対
赤い龍
ガイド
青い嵐
太陽の紋章
青い猿
KIN
31
音
5
ウェイブスペル
青い手
類似
黄色い人
神秘
白い
魔法使い
反対
赤い地球

音の関係

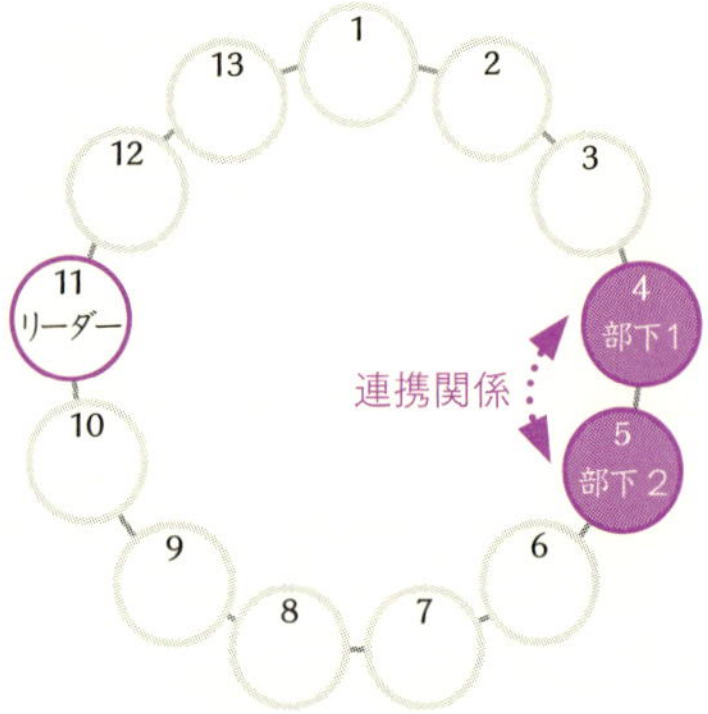
1
2
3
4
部下１
5
部下２
6
7
8
9
10
11
リーダー
12
13
連携関係

事例４ チームのまとまりがない

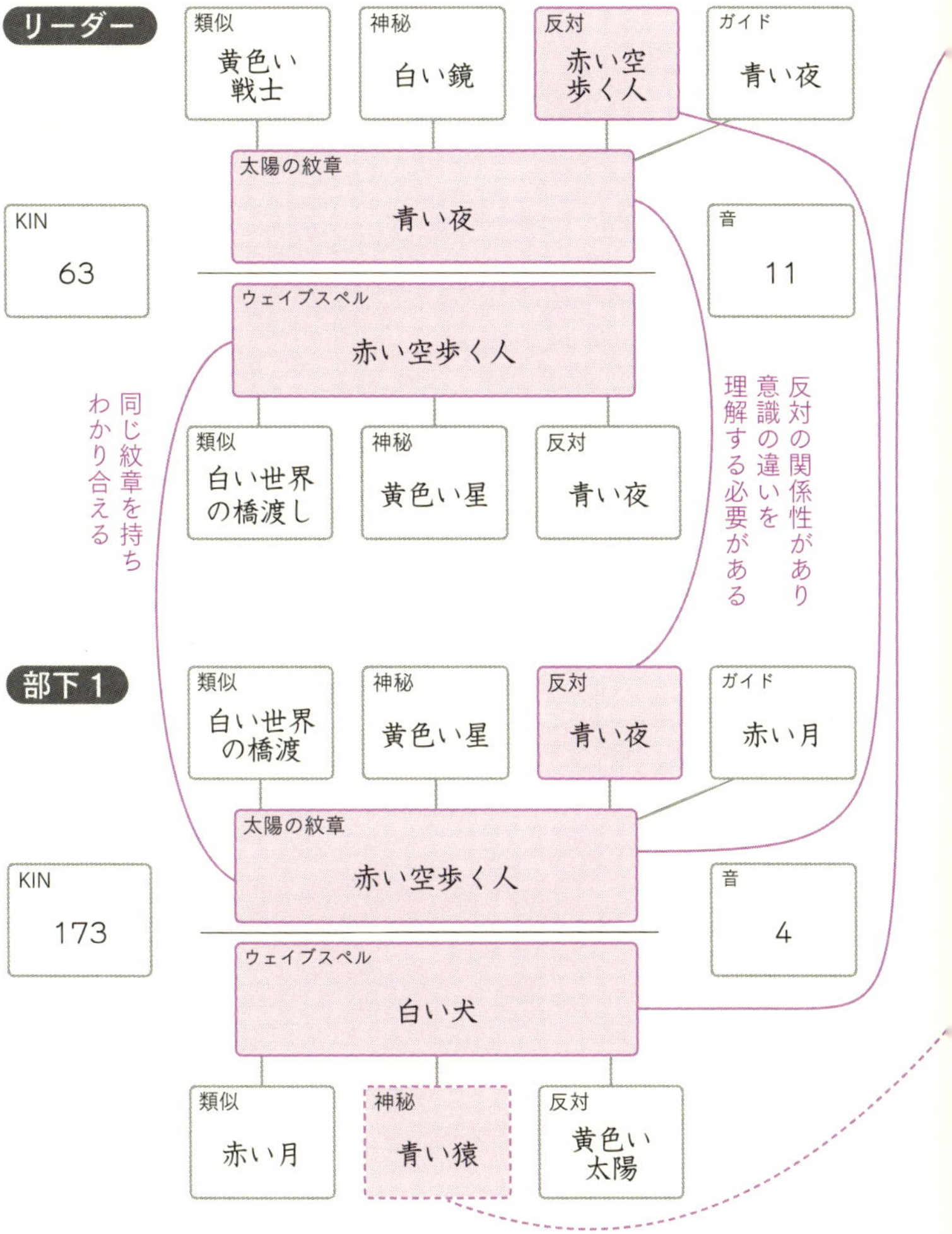

チームとしては、それぞれがバラバラな感じはありますが、それぞれに関係のある部下1がうまくリーダーと部下2をつなげることができると、チームがうまく回るでしょう。

会社のチームは、連携関係や倍音関係、紋章の関係がある人で構成できればよいですが、ほとんどの場合は、そうはうまくはいきません。ただし、間を取り持つことができる紋章や音の人がいて、お互いに尊重し合う気持ちがあれば、うまく連携できるでしょう。

事例5 ビジネスパートナーとしてどうか

独立したが、元同僚とビジネスパートナーとして一緒に仕事をしていってよいのかという悩み。この元同期の男性は、完璧に仕事をする人です。「黄色い星」、「青い嵐」ともに、とてもパワーが強い人です。2人の関係を音でみていくと、2番以内ですの

事例５ ビジネスパートナーとしてどうか

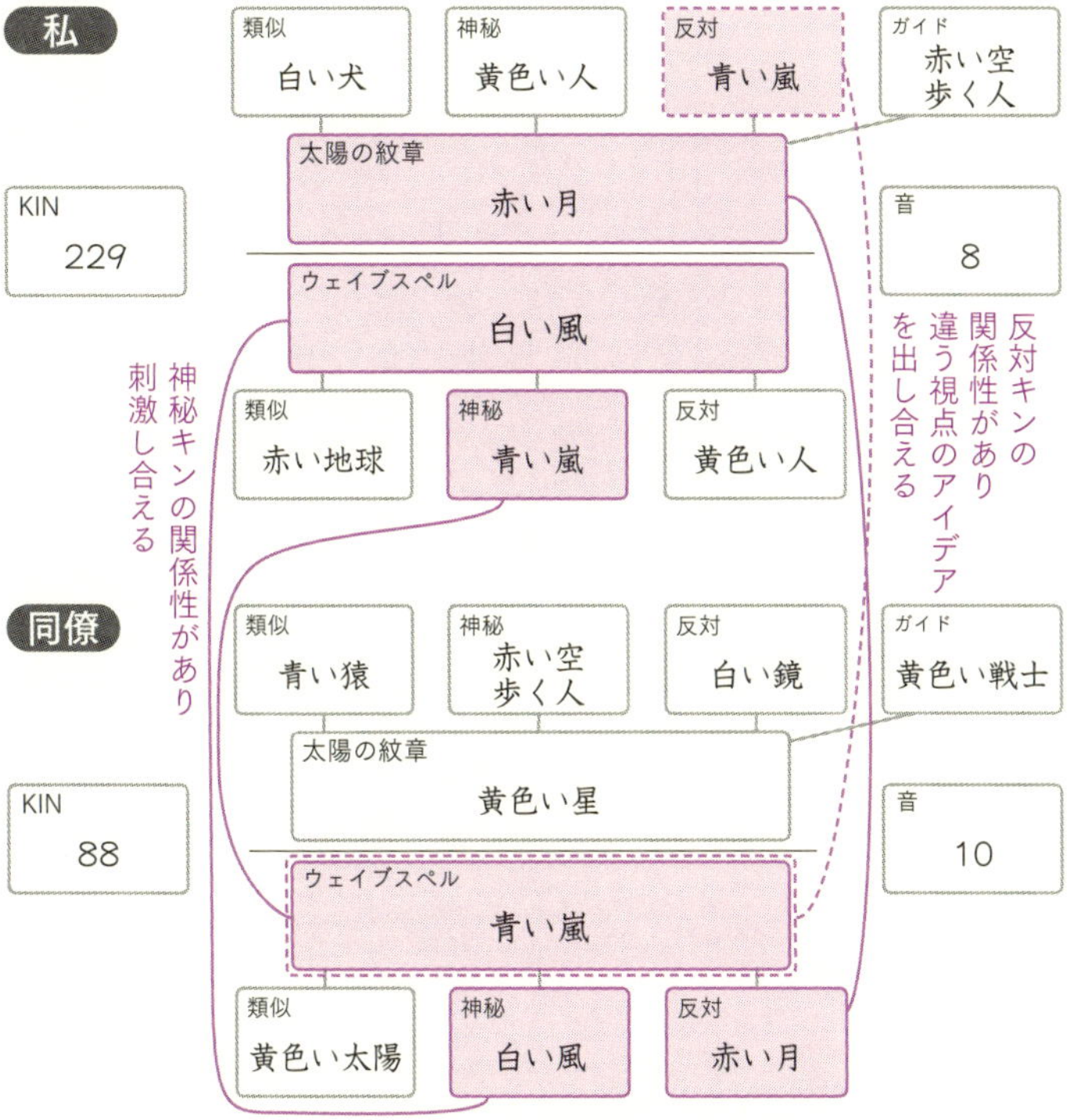
私
類似
白い犬
神秘
黄色い人
反対
青い嵐
ガイド
赤い空歩く人
太陽の紋章
赤い月
KIN
229
音
8
ウェイブスペル
白い風
類似
赤い地球
神秘
青い嵐
反対
黄色い人
神秘キンの関係性があり刺激し合える
反対キンの関係性があり違う視点のアイデアを出し合える
同僚
類似
青い猿
神秘
赤い空歩く人
反対
白い鏡
ガイド
黄色い戦士
太陽の紋章
黄色い星
KIN
88
音
10
ウェイブスペル
青い嵐
類似
黄色い太陽
神秘
白い風
反対
赤い月

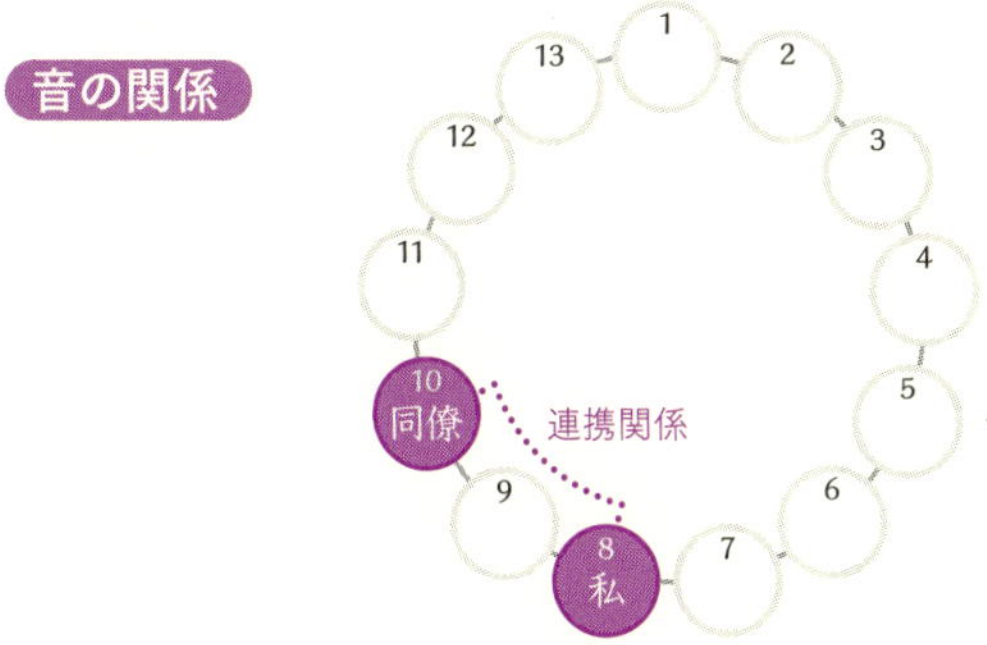
音の関係
1
2
3
4
5
6
7
8
私
9
10
同僚
11
12
13
連携関係

で、やはり流れができています。そのため、ビジネスパートナーとしてはうまくいきやすいのではないでしょうか。

「白い風」と「青い嵐」が神秘キンですので、お互いに刺激し合える部分もあるでしょう。

また、「赤い月」と「青い嵐」の反対キンがありますので、場合によっては衝突することも予測されます。こじれてしまうと、修復不可能になってしまう可能性も。お互いを尊重し合える器の大きさが問われます

お互い、違うものを持っていると認め合うことで、新しい世界が広がることでしょう。

そのため、新しいビジネスを始めたり、新企画、新プロジェクトを2人で立ち上げるなどすることで、お互いに学び合い、さらなる上のステージに上れるチャンスもあるでしょう。

事例6 結婚に踏み切ってよいか

離婚し、娘を引き取った男性と結婚してよいものか悩んでいる女性です。彼の娘さんとうまくやっていけるのか不安だといいます。

しかし、この関係性をみた時に驚きました。

160〜161ページをご覧ください。

血がつながっていないはずの女性と娘さんが全く同じキンナンバーなのです。

このケースは双子のような関係で、まるで実の母になるように準備されていた出会いだと感じました。

また、お互いがガイドキン同士になっています。

父と娘は血はつながっていますが、関係性はありません。子育ては新しいお母さんに任せるとよいでしょう。

そして、音をみてみると、11と13で連携関係になっています。音13の父が、音11の新しい母と娘をサポートしてくれることでしょう。

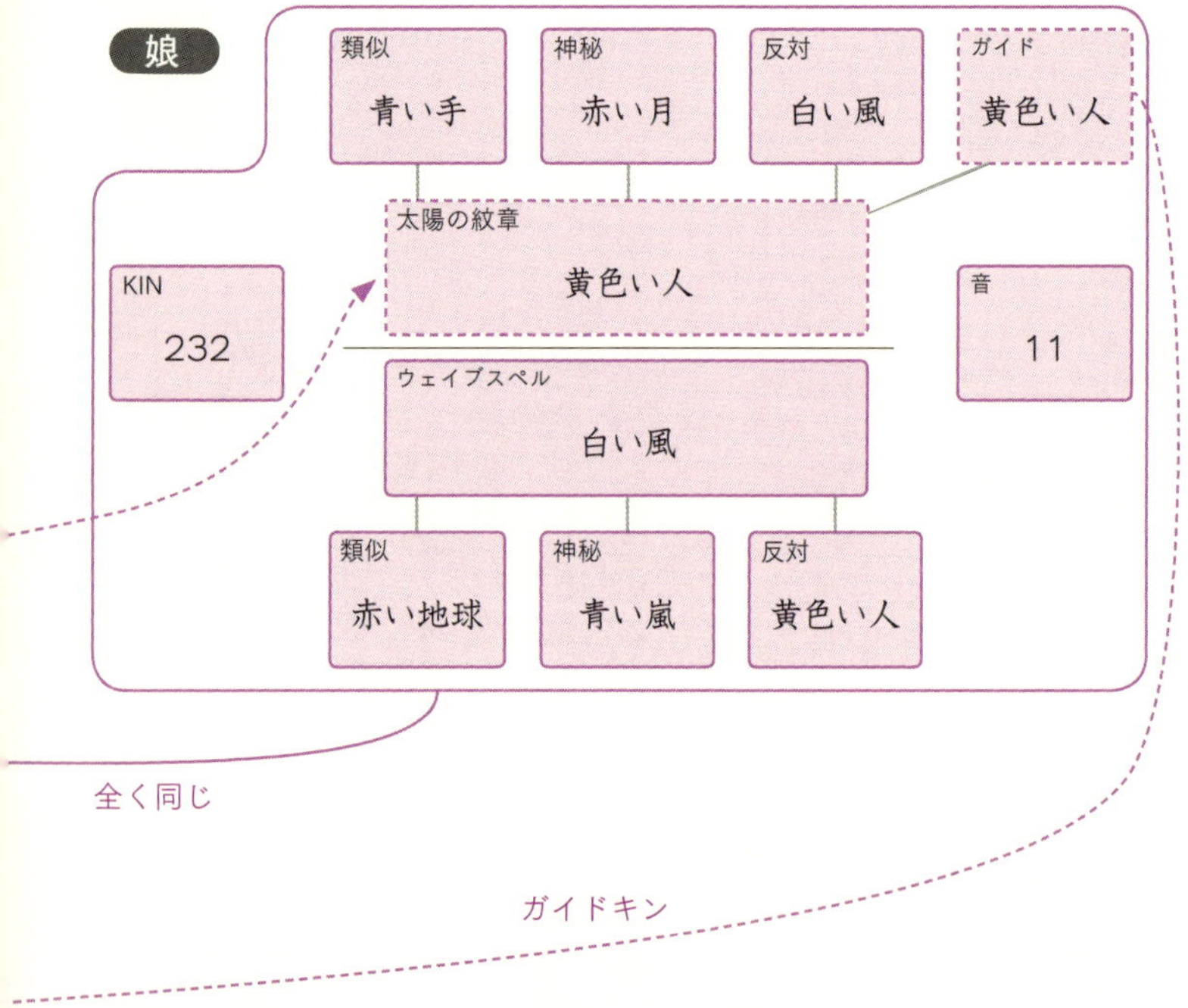
娘
類似
青い手
神秘
赤い月
反対
白い風
ガイド
黄色い人
KIN
232
太陽の紋章
黄色い人
音
11
ウェイブスペル
白い風
類似
赤い地球
神秘
青い嵐
反対
黄色い人
全く同じ
ガイドキン

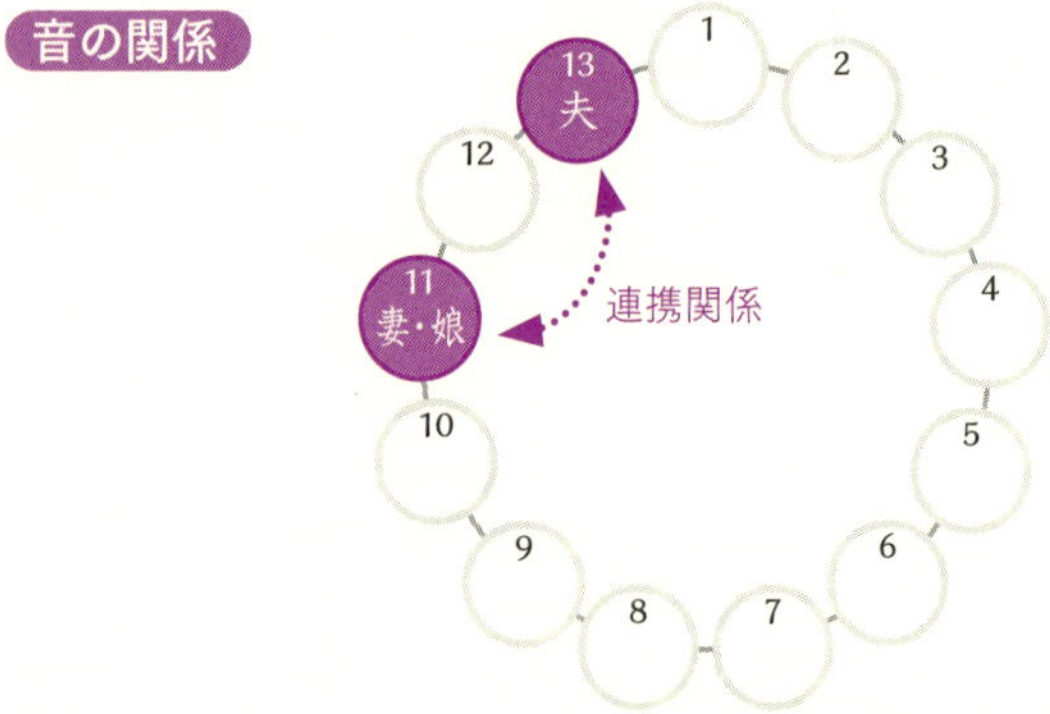
音の関係
1
2
3
4
5
6
7
8
9
10
11
妻・娘
12
13
夫
連携関係

事例６ 結婚に踏み切ってよいか

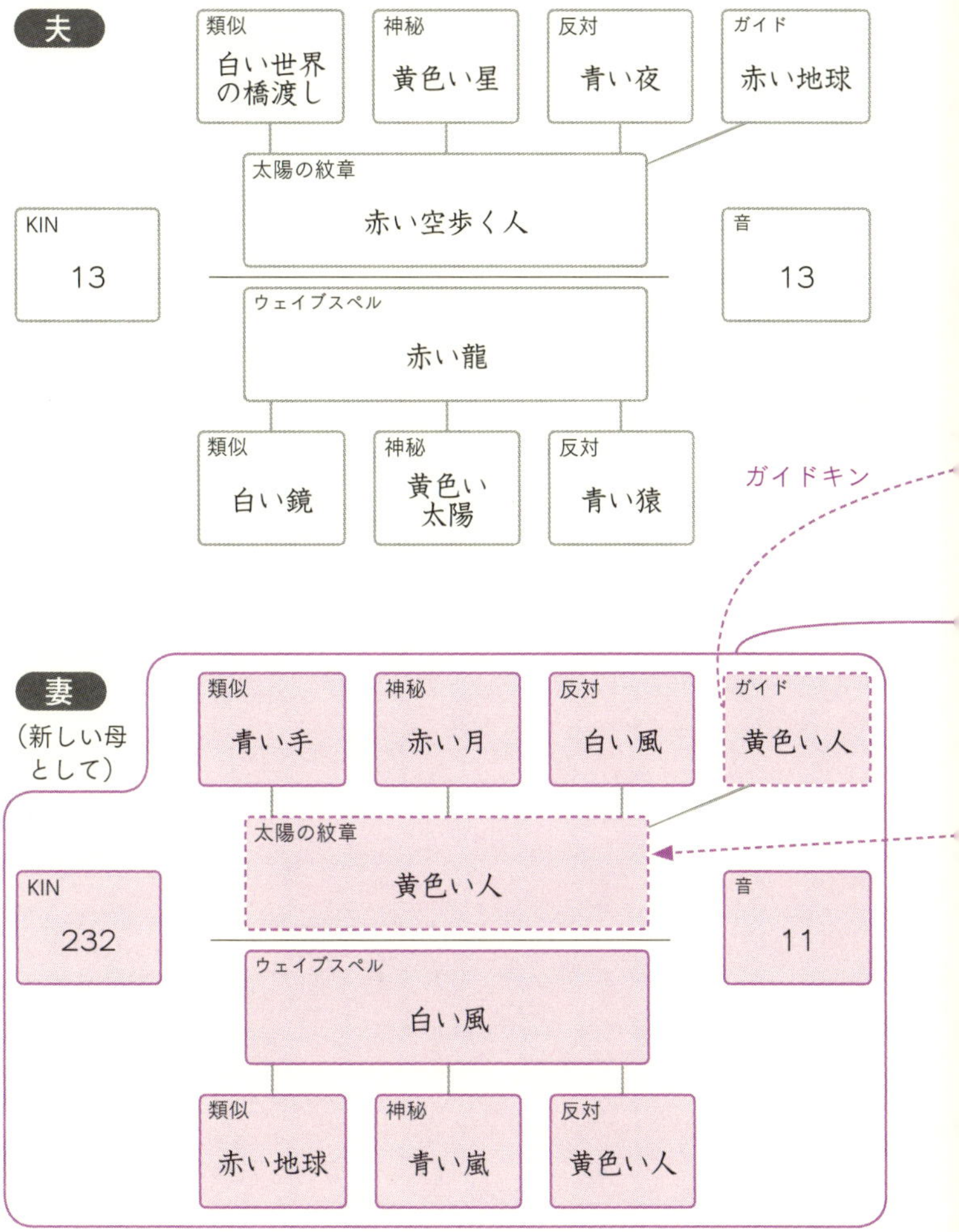

このように、血のつながりを越え、隠された奇跡をも知ることができます。
後日聞いてみますと、今もとても幸せに暮らしておられるようです。

事例7 跡継ぎは誰が最適？

経営者である父の跡継ぎとして、長男と次男のどちらに任せようかという悩みです。
こういった場合、状況によって変わります。164～165ページをご覧ください。

①現在、会社がうまくいっている場合

このままの流れで受け継いでもらうには、父のガイドキンを持ち、類似キンの関係性のある次男に継いでもらうとよいでしょう。

②現在、会社がピンチの場合

流れを変えて、会社を立て直していきたい場合、父とは関係性がない長男に継いでもらうことで、流れが変わる可能性があります。

この家族の関係性をみてみると、両親、長男とも関係性のある次男が中心になっていることがわかります。次男の存在のおかげで家族がまとまりやすくなるでしょう。将来、親の面倒をみるのも次男の可能性が高いでしょう。関係性のない父と母を結ぶ「かすがいの子」的な役割もあります。

事例8　姑に強く言えない

お姑さんとの関係に悩んでいる女性です。

この女性には4歳になるお子さんがいます。初孫ということもあって、お姑さんはたいそう子どもをかわいがってくれるそう。働いていたことやすぐに第2子ができたこともあり、ありがたいと思っていたが、だんだん子どもが自分の言うことを聞かなくなってきてしまい……。お姑さんに子どもをみてもらうのは最小限にしたいと思っ

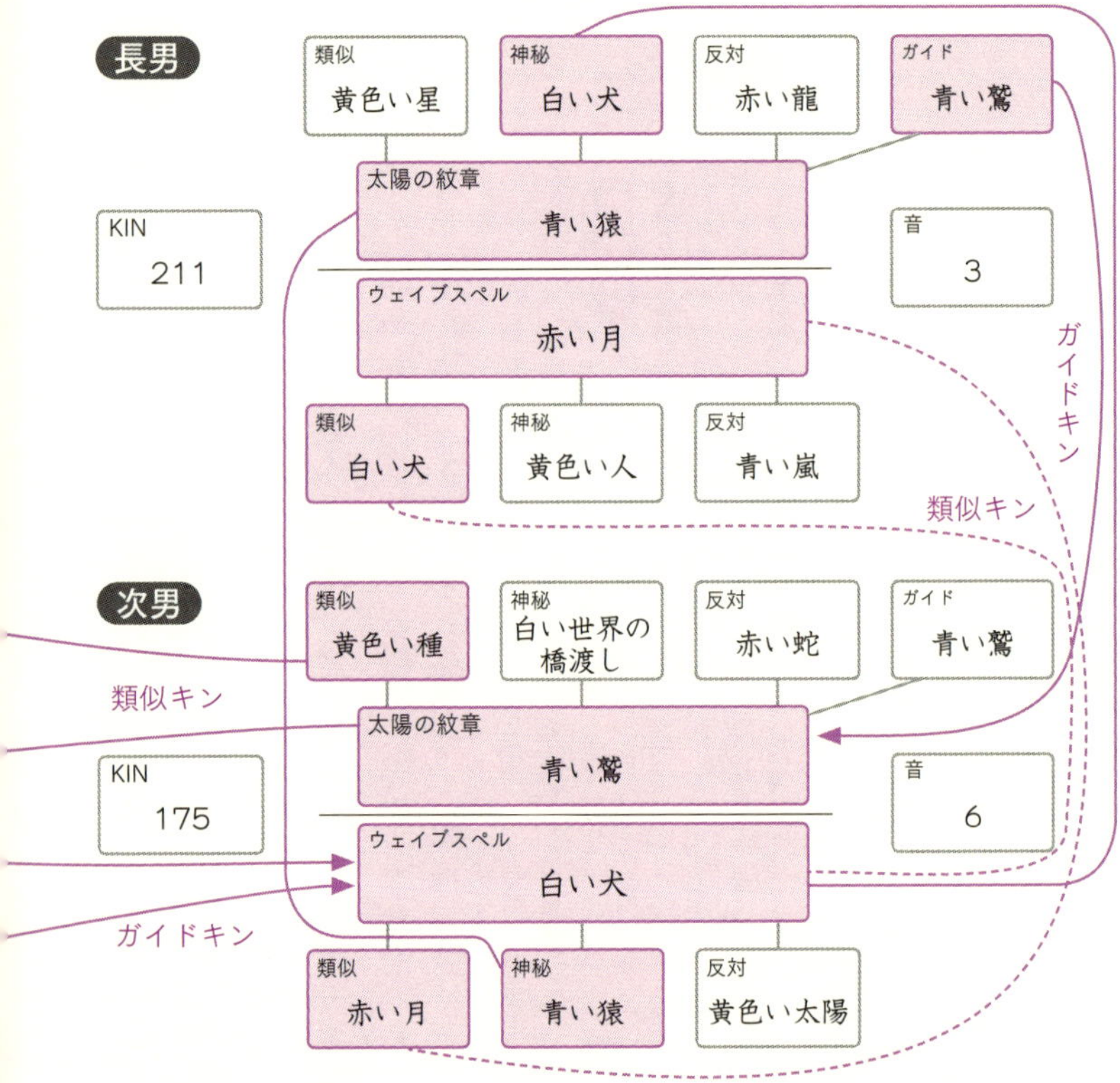
長男
類似
黄色い星
神秘
白い犬
反対
赤い龍
ガイド
青い鷲
太陽の紋章
青い猿
KIN
211
音
3
ウェイブスペル
赤い月
類似
白い犬
神秘
黄色い人
反対
青い嵐
ガイドキン
類似キン
次男
類似
黄色い種
神秘
白い世界の橋渡し
反対
赤い蛇
ガイド
青い鷲
類似キン
太陽の紋章
青い鷲
KIN
175
音
6
ウェイブスペル
白い犬
ガイドキン
類似
赤い月
神秘
青い猿
反対
黄色い太陽

家族の音の関係

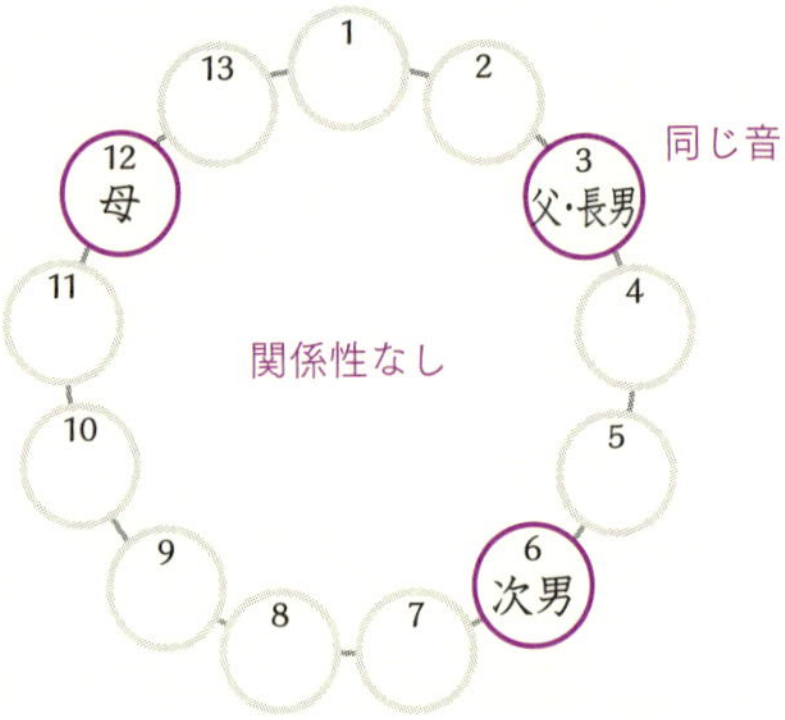
1
2
3
父・長男
同じ音
4
5
6
次男
7
8
9
10
11
12
母
13
関係性なし

事例７ 跡継ぎは誰が最適？

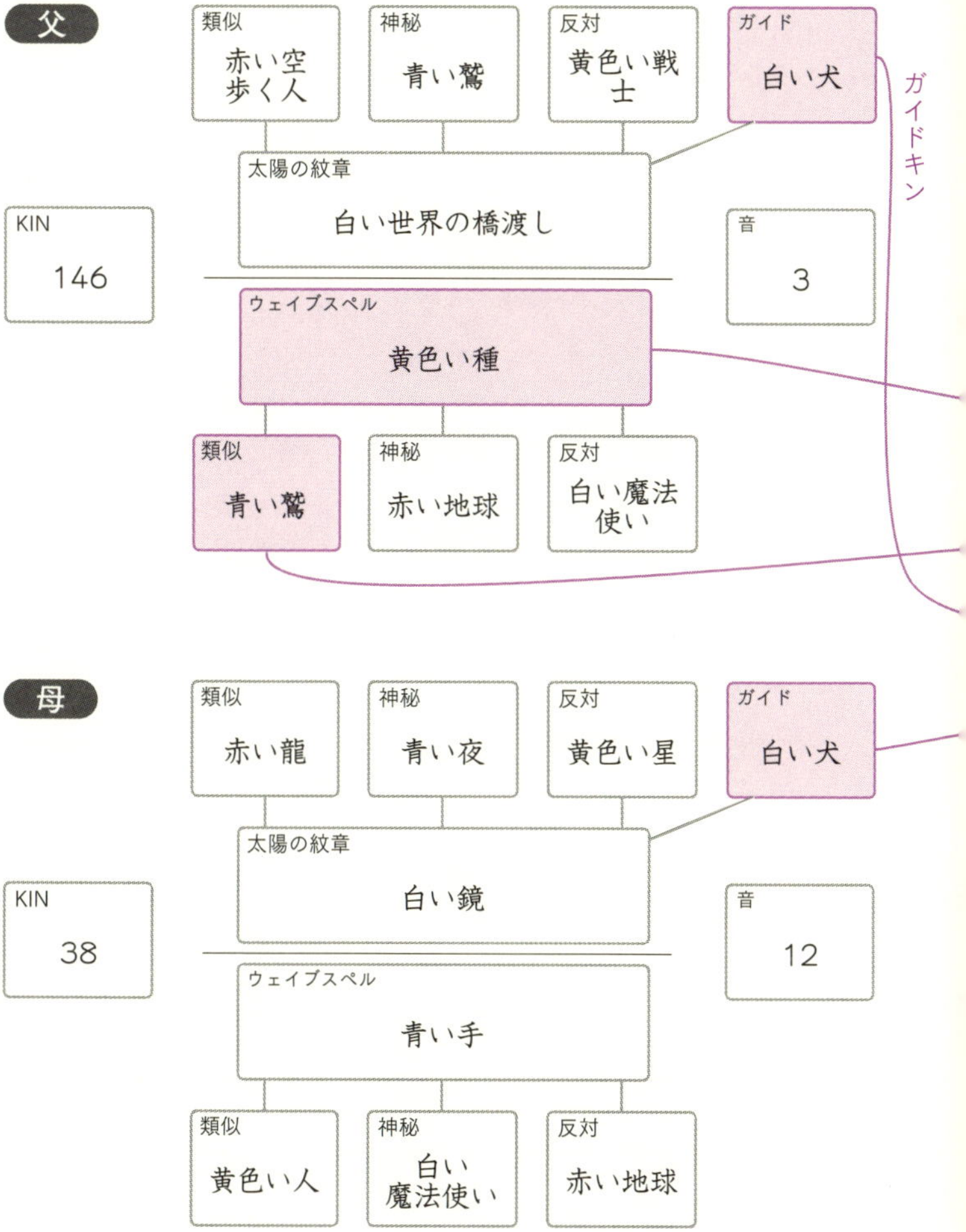

子

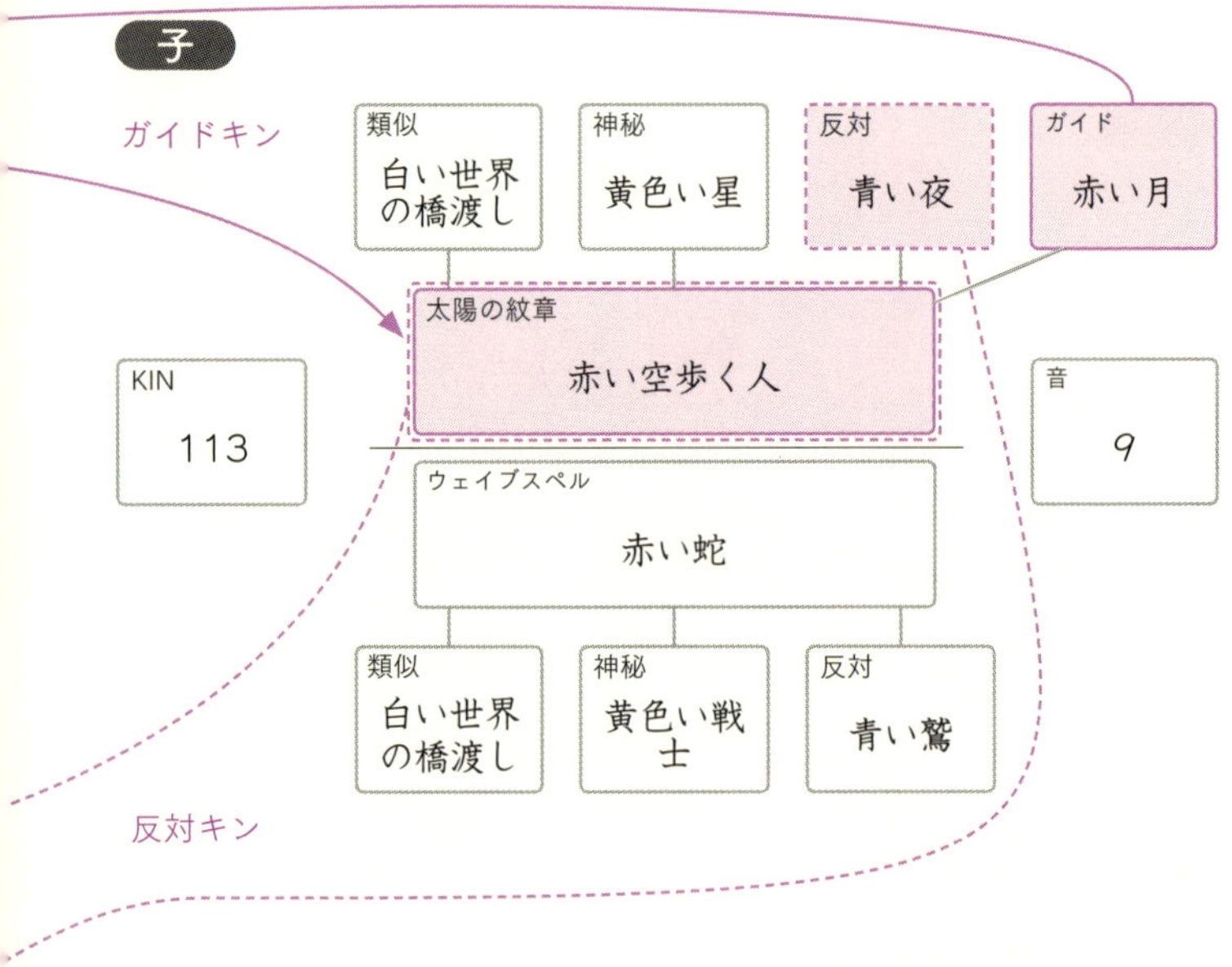
ガイドキン
類似
白い世界の橋渡し
神秘
黄色い星
反対
青い夜
ガイド
赤い月
太陽の紋章
赤い空歩く人
KIN
113
音
9
ウェイブスペル
赤い蛇
類似
白い世界の橋渡し
神秘
黄色い戦士
反対
青い鷲
反対キン

音の関係

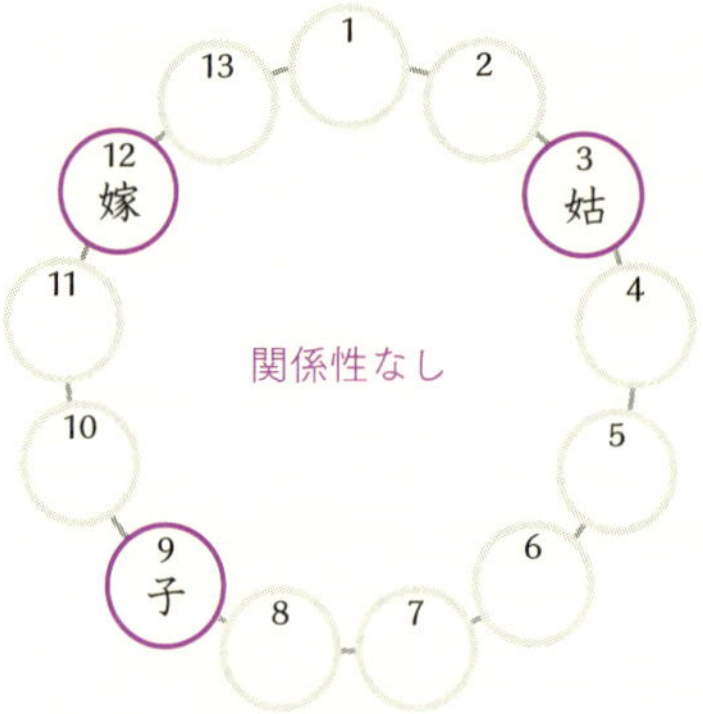
1
2
3
姑
4
5
6
7
8
9
子
10
11
12
嫁
13
関係性なし

事例８ 姑に強く言えない

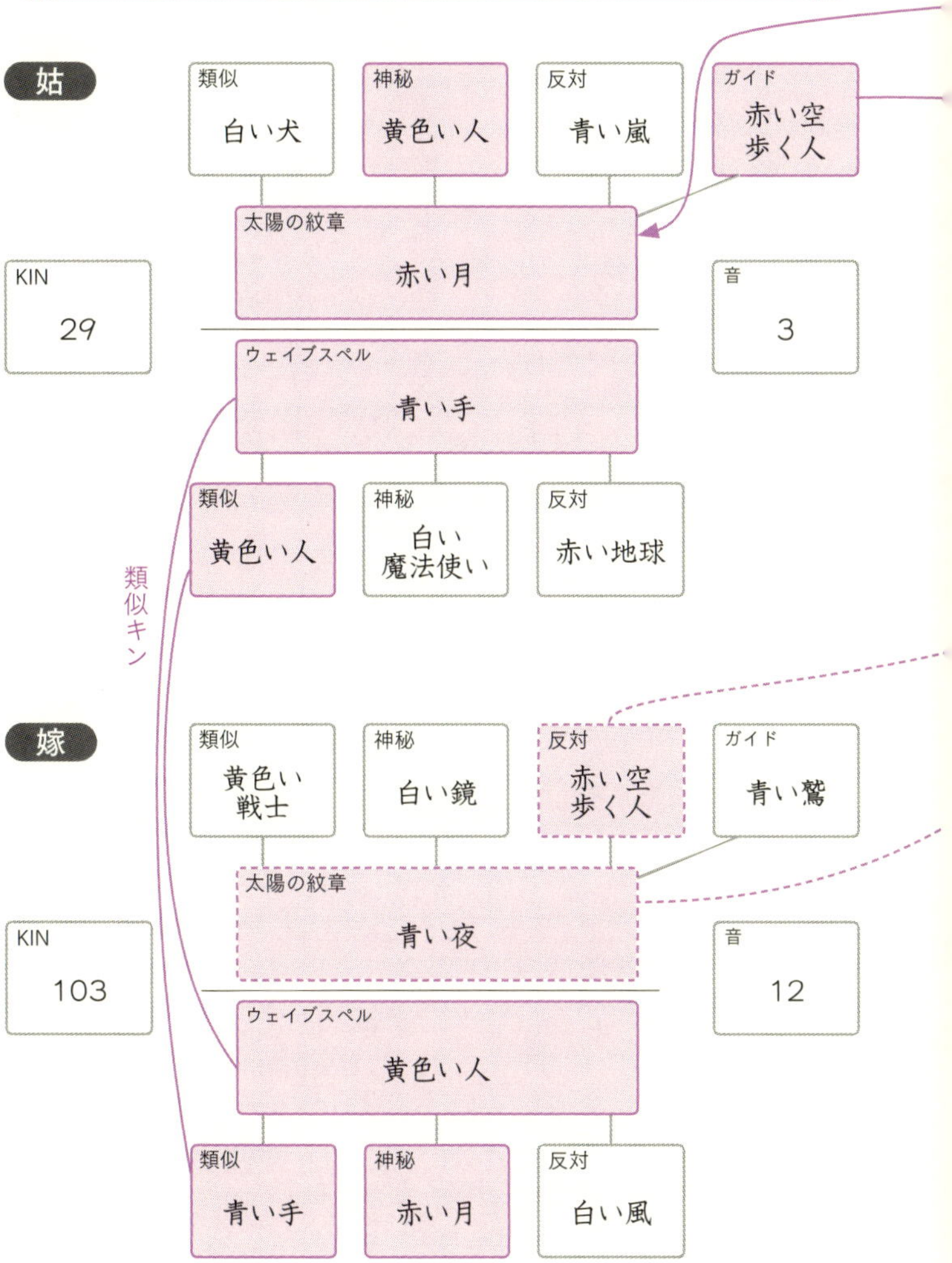

ていても強くは言えず、お姑さんは何かと世話を焼きにやってくる、子どもは祖父母の家へ行きたいと駄々をこねる……とどうしていいかわからない状況だと言います。
早速、関係をみてみましょう。166〜167ページをご覧ください。

まず、お姑さんと女性の紋章をみてみると、「青い手」と「黄色い人」が類似キンの関係にあります。根本的に似ているところもあり、お互いに理解しようという姿勢を持っているので、関係が険悪になるようなことは少ないと思います。神秘キンの関係もあり、認め合うことで上手くいくでしょう。

一方で女性とお子さんは「青い夜」と「赤い空歩く人」の反対キンを持っています。つまり背中合わせで世界を見ているような状態です。女性にとってはお子さんに何を言っても聞かないように感じるかもしれませんが、お子さんにも考えがあってのことだということを頭に入れておけば衝突は少なくなると思います。
お子さんはお姑さんになついているということですが、二人はガイドキン同士の関係です。お子さんはお姑さんに導かれ、お姑さんはお孫さんの存在に助けられている部分もあるのかもしれません。

このお子さんのことは、思いきってお姑さんにお任せするくらいの気持ちで、自分は口を出さず、愛を持って見守るスタンスでいると、親子関係も嫁姑関係もスムーズに運ぶかもしれません。

事例９　夫にイラッとしてしまう

夫が家のことをあれやこれやと手伝ってくれるのはありがたいけれど、そのたびにイラッとしてしまうという女性。

はたからみれば家庭的なご主人のようですが、なぜイラッとしてしまうのでしょうか？

１７１ページをご覧ください。

まずは音をみてみましょう。

ご主人が音9、女性が音7です。2人は連携関係にあり、意志疎通はスムーズにできるのではないでしょうか。ただ、この並びですと、どうしても前にいる奥さんのことがご主人は気になり、なにかと手を出したくなってしまうのでしょう。

しかも、ご主人の紋章をみてみると「白い犬」があり、家族愛に溢れ、家庭を大切にしていこうという意志の持ち主。おそらく奥さんに喜んでもらおうと、家のことを手伝ってくれるのだと思います。

ただし、お二人は「白い風」と「黄色い人」という反対キンの関係性があります。おそらく家事のやり方は違うはずです。

女性はこだわりの強さを示す「黄色い人」が紋章にありますので、自分のやり方以外の方法で家事などをされるとイラッとしてしまうのでしょう。

ご主人に悪意はありませんし、やり方を伝えれば、聞いて実践しようとしてくれる方です。イラッとしたら、自分とのやり方が違うだけと意識し、「こうしてくれると嬉しいな」「こうする方が早くできるよ」など教えてあげると、女性がイラッとする回数は減っていくと思います。

事例９ 夫にイラッとしてしまう

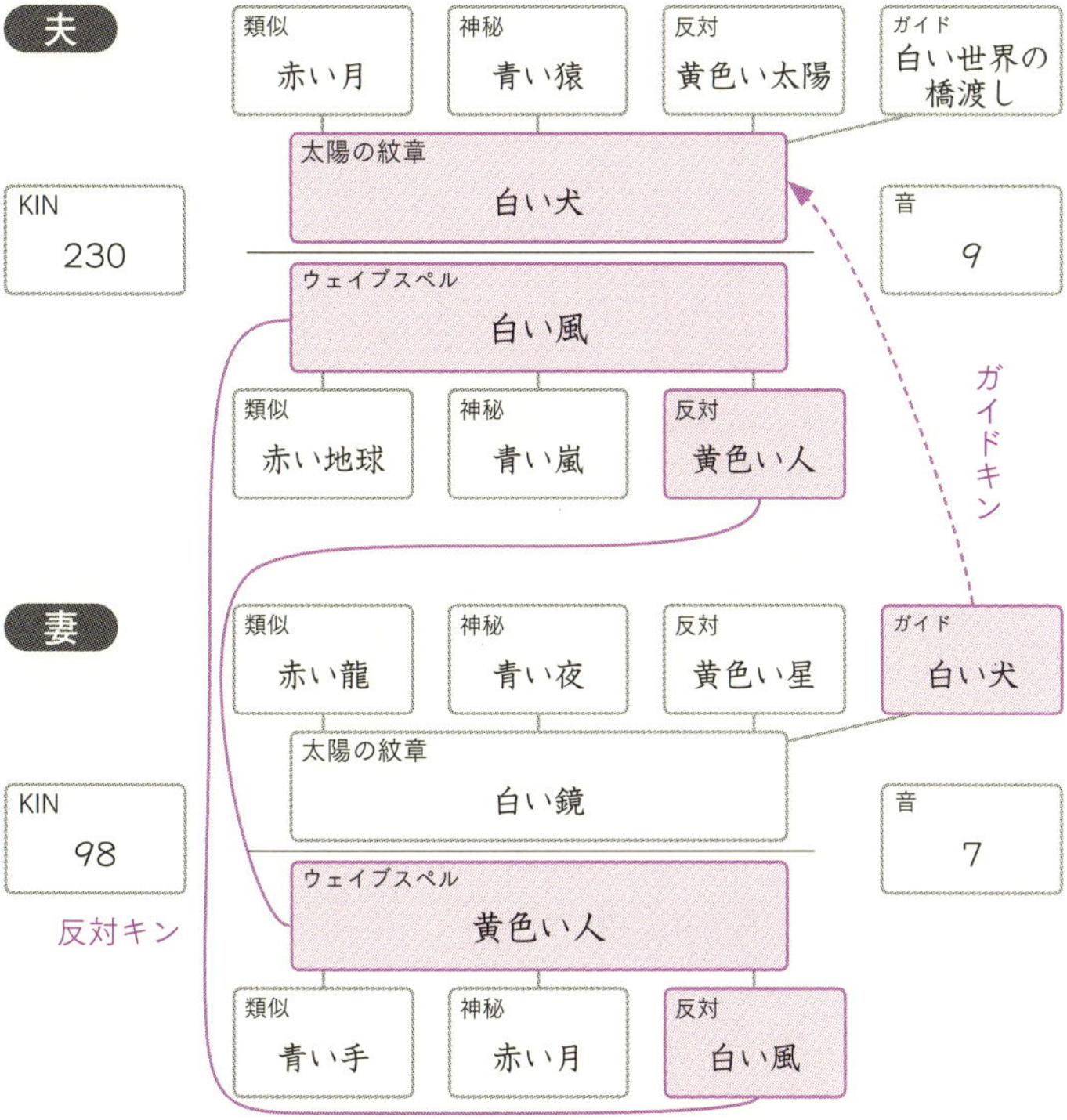

音の関係

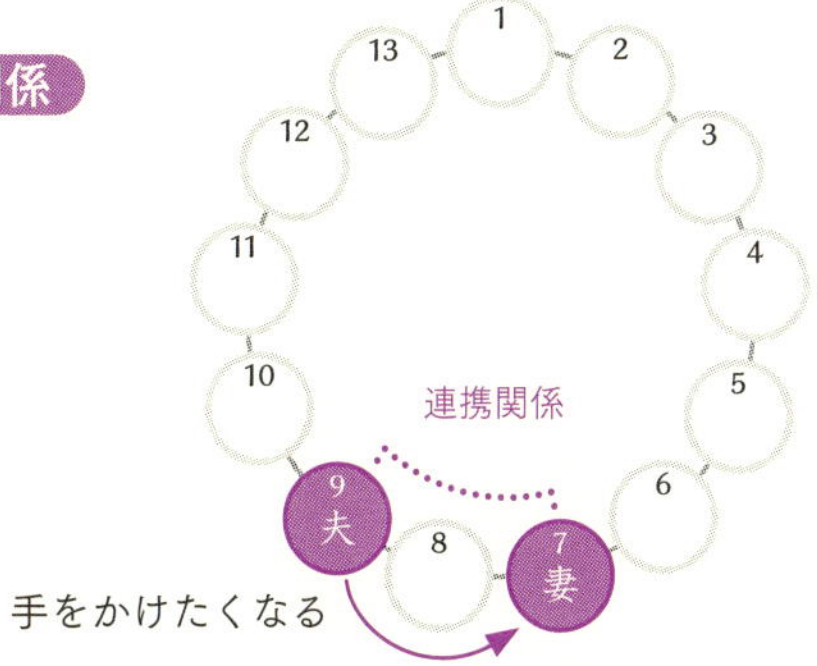

事例10 芸能人の新婚夫婦

最近結婚した芸人さんと女優さんの新婚夫婦。

174〜175ページをご覧ください。

このお2人は紋章では何の関係性も見られません。どちらも人気があり、これからもますます仕事が忙しくなることを暗示しているのかもしれません。関係性があるからうまくいくとかではなく、意味があってそうなっているのです。このケースの場合、すれ違ったとしても問題のないように関係性がない人と出会ったのかもしれません。ただ、音では「補完関係」になっていますので、助け合っていけるでしょう。

このカップルの場合、キューピッド役になった人がいました。キューピッド役の人と新郎はお互いにガイドキンの関係です。これはとても安定感のある関係です。

音をみると、この2人は「連携関係」があります。新郎は音では前にいるキューピッド役の人のことを心配したり、行動が気になったり、ついつい手を掛けたくなってしまうのでしょう。

いっぽう、新婦とキューピッド役の人を見てみると、「赤い空歩く人」と「白い世界の橋渡し」で類似キンの関係があり、仲良しの関係といえます。また、音も２、６、10の協和関係になっています。

今回は、新郎のガイドがキューピッド役でしたので、関係性のない２人を、このキューピッドが導きくっつけたということになります。もし、このご夫婦にお子さんが生まれることがあれば、そのお子さんが両親の間を取り持つキンナンバーで生まれてくると、かすがいの子となるでしょう。

新婦は売れっ子女優さんで、新郎もテレビやラジオのレギュラー番組を持っている人気タレントさんですので、当然、２人で一緒にすごす時間も少なくなるでしょう。

しかし、新婦の音２は緊張感を持っているので、どこか１人でリラックスするよう

キューピッド

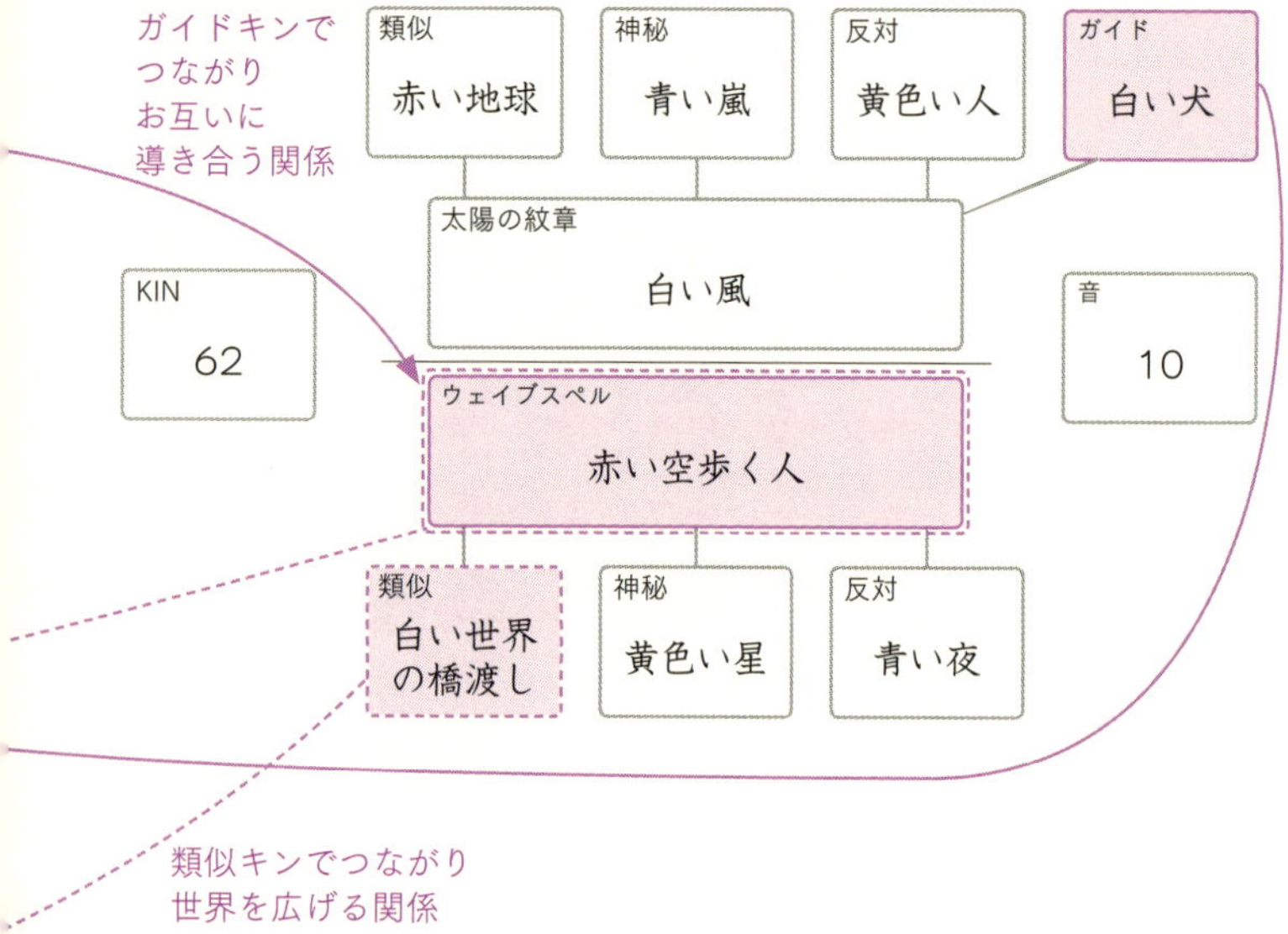
ガイドキンでつながりお互いに導き合う関係
類似
赤い地球
神秘
青い嵐
反対
黄色い人
ガイド
白い犬
太陽の紋章
白い風
KIN
62
音
10
ウェイブスペル
赤い空歩く人
類似
白い世界の橋渡し
神秘
黄色い星
反対
青い夜
類似キンでつながり世界を広げる関係

音の関係

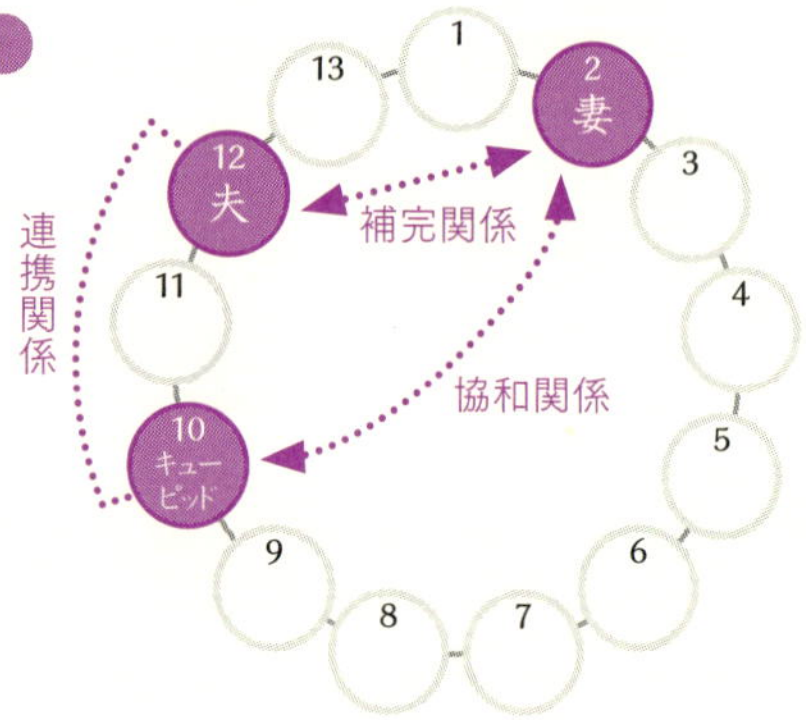
1
2 妻
3
4
5
6
7
8
9
10 キューピッド
11
12 夫
13
補完関係
協和関係
連携関係

事例10 芸能人の新婚夫婦

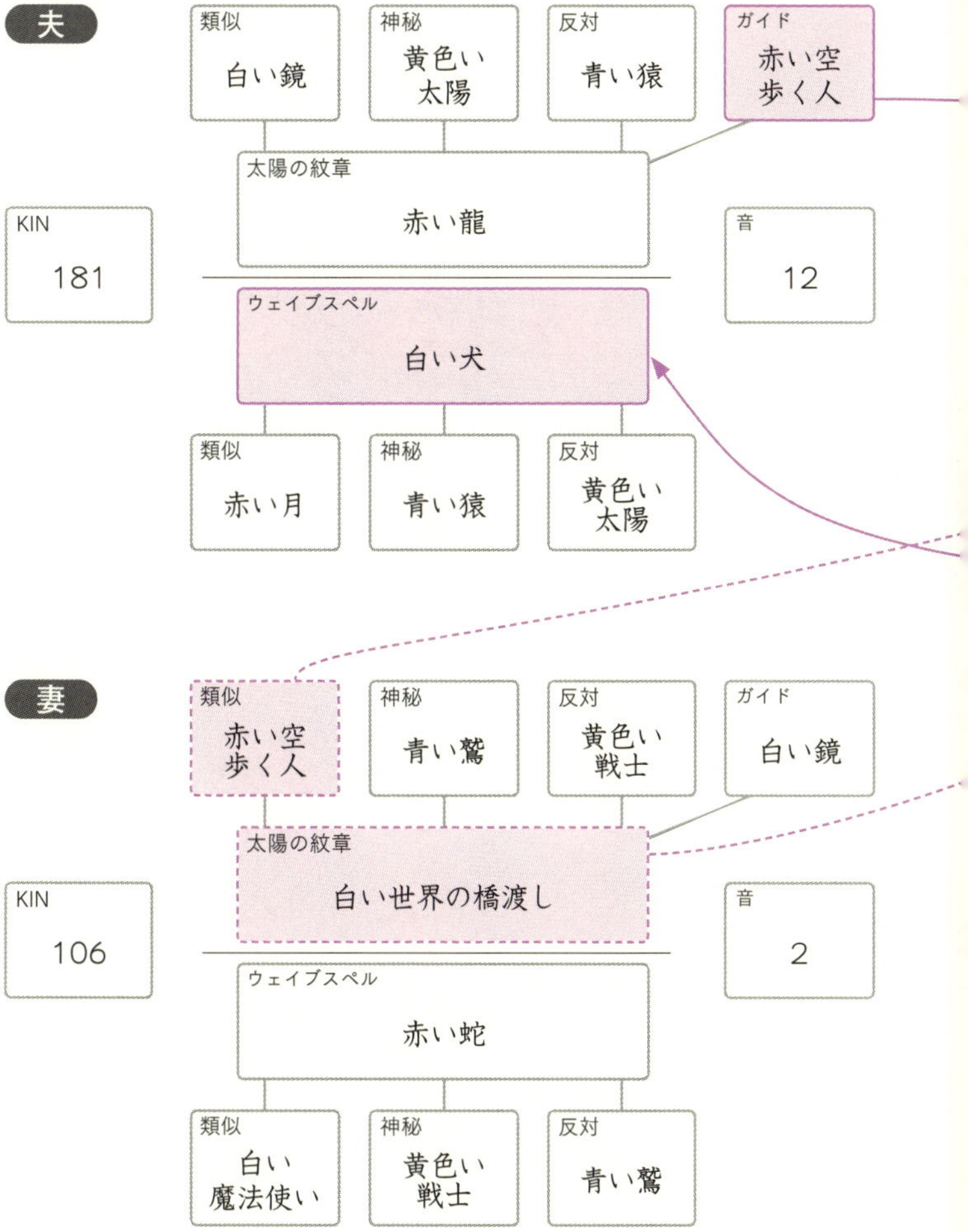

な時間を持っているほうがよいタイプです。

すれ違いが多くても、尊重し合うことを忘れなければ、関係性がなくてもうまくいきます。

事例11 政界の大物カップル

政界に誕生した大物カップルをマヤ暦からみてみると、なるべくして一緒になったといってもいいほどの関係が読み取れます。

左ページをご覧ください。

まず、この二人は夫が「赤い龍」、妻が「青い猿」の反対キンの関係性です。真面目でプライドの高さもある「赤い龍」に対して、ユーモアがあり、枠を外してくれる「青い猿」は、遊び心ある楽しい家庭を作ってくれることでしょう。

また、同じ紋章をもっているのでわかり合える部分があります。この場合、ウェイブスペルが同じ夫婦ですので、根っこの部分で深くつながっています。

事例11 政界の大物カップル

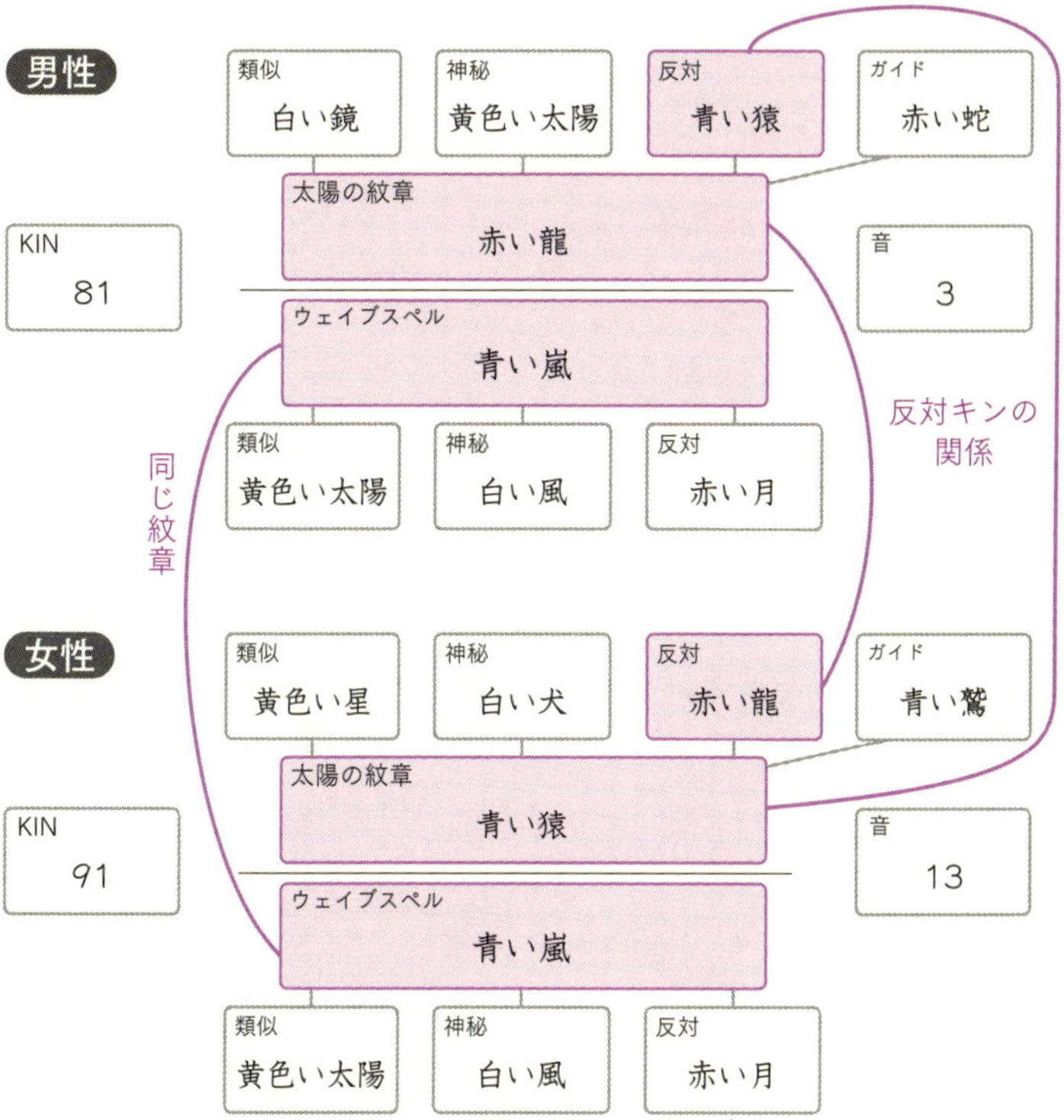

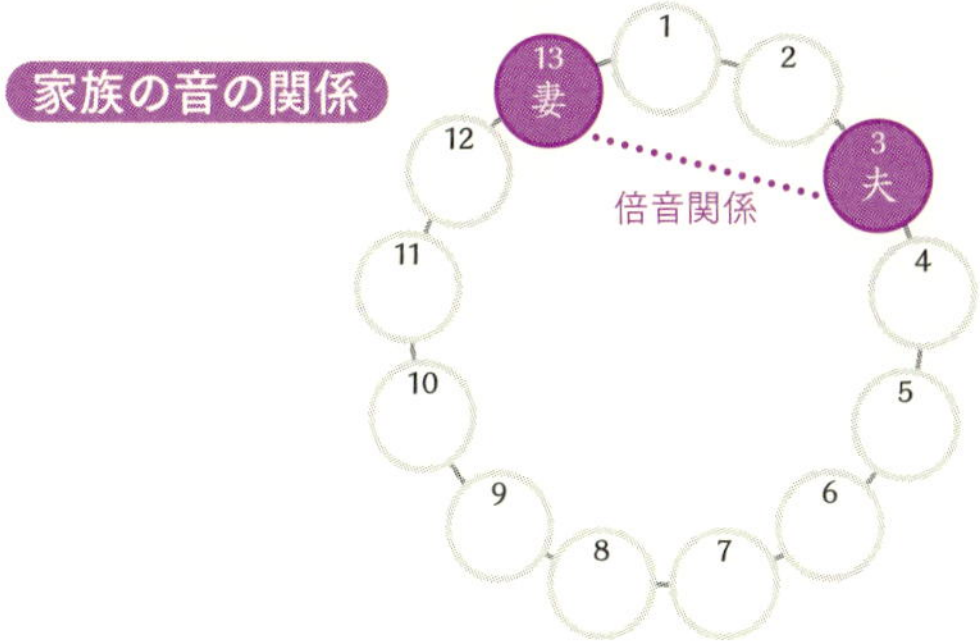

さらに音をみてみると、3と13は倍音関係にあります。モチベーションが下がりにくく、倍の力を出し合える関係です。

このように、同じ紋章が1つあり、反対キンがもう1つある組み合わせは、コンビとしてとてもうまくいきます。わかり合える部分と違う視点を持ち合わせているからです。

エピローグ

より「自分」らしく生きていくために

前著『幸運が舞いおりる「マヤ暦」の秘密』の発売より1年と8カ月。今回は前著では触れていなかった「銀河の音」を中心に書かせていただきました。

時代は「平成」から「令和」へ大きく変わりました。

そんな今、世の中に対して、何か混沌としたものを感じます。

こんな時こそ、より自分らしく生きることが大切であり、そのツールとして自然時間で生きることを体感させてくれるマヤ暦に触れることが良いのではないかと思っています。

私は17年前にマヤ暦と出会い、本当の自分を取り戻せました。

「私らしく生きる」ということを日々実践できている今、人生が一変したと感じています。

これは、自然のリズムであるマヤ暦に触れ続けているからではないでしょうか。

「人はいつからでも変わることができる」

私が変われたように、誰もができると信じています。

ただ、実際のところ、「どうすれば良いのか?」というところにいきつくのですが、そういう意味ではたくさんの気付きや誘導がおきるマヤ暦に触れることが近道のような気がしてなりません。

もちろんこれが全てではありませんので、ご自分の感覚を大切にすることは忘れないでくださいね。

今回もこの本を作るにあたり、たくさんの方々と先輩方の文献にお世話になりました。

出版社の布施綾子さん、編集協力の長谷川華さん、企画者の糸井浩さんにはたくさんのアイデアをいただきました。

また、私の人生の大切な伴走者Ａｋｅｍｉ（安長明美さん）、そして夫、マヤンレメディに関わってくださる皆さまに心より厚くお礼申し上げます。

私の大好きな言葉

「すべてはだんだん良くなっている」

今日もご機嫌さんな1日を！

木田景子

巻末付録

●銀河の音と紋章の割り出し方

●関係性がわかる書き込み表

銀河の音と紋章の割り出し方

① 早見表1 から、あなたの生年月日の生まれ年と生まれ月が交わる数字をみます。

② ①で出た数字に生まれた日を足します。足した時に 260 を超えた場合は出た数字から 260 を引いてください。

※ 2/29 生まれの方は算出した数字から 1 を引いた数が KIN ナンバーです。

③ 早見表2 をみて、KIN ナンバーに該当する箇所をみます。これがあなたの銀河の音と太陽の紋章です。

④ 早見表3 をみて、KIN ナンバーに該当する箇所をみます。これがあなたのウェイブスペルになります。

例

1984 年 3 月 1 日(うるう年)に生まれた人の場合は、

まず 早見表1 より 91。

91 + 1 で 92。

KIN92 になります。

早見表1

年			1月	2月	3月	4月	5月	6月	7月	8月	9月	10月	11月	12月
1910	1962	2014	62	93	121	152	182	213	243	14	45	75	106	136
1911	1963	2015	167	198	226	257	27	58	88	119	150	180	211	241
1912	1964	2016	12	43	71	102	132	163	193	224	255	25	56	86
1913	1965	2017	117	148	176	207	237	8	38	69	100	130	161	191
1914	1966	2018	222	253	21	52	82	113	143	174	205	235	6	36
1915	1967	2019	67	98	126	157	187	218	248	19	50	80	111	141
1916	1968	2020	172	203	231	2	32	63	93	124	155	185	216	246
1917	1969	2021	17	48	76	107	137	168	198	229	0	30	61	91
1918	1970	2022	122	153	181	212	242	13	43	74	105	135	166	196
1919	1971	2023	227	258	26	57	87	118	148	179	210	240	11	41
1920	1972	2024	72	103	131	162	192	223	253	24	55	85	116	146
1921	1973	2025	177	208	236	7	37	68	98	129	160	190	221	251
1922	1974	2026	22	53	81	112	142	173	203	234	5	35	66	96
1923	1975	2027	127	158	186	217	247	18	48	79	110	140	171	201
1924	1976	2028	232	3	31	62	92	123	153	184	215	245	16	46
1925	1977	2029	77	108	136	167	197	228	258	29	60	90	121	151
1926	1978	2030	182	213	241	12	42	73	103	134	165	195	226	256
1927	1979	2031	27	58	86	117	147	178	208	239	10	40	71	101
1928	1980	2032	132	163	191	222	252	23	53	84	115	145	176	206
1929	1981	2033	237	8	36	67	97	128	158	189	220	250	21	51
1930	1982	2034	82	113	141	172	202	233	3	34	65	95	126	156
1931	1983	2035	187	218	246	17	47	78	108	139	170	200	231	1
1932	1984	2036	32	63	91	122	152	183	213	244	15	45	76	106
1933	1985	2037	137	168	196	227	257	28	58	89	120	150	181	211
1934	1986	2038	242	13	41	72	102	133	163	194	225	255	26	56
1935	1987	2039	87	118	146	177	207	238	8	39	70	100	131	161
1936	1988	2040	192	223	251	22	52	83	113	144	175	205	236	6
1937	1989	2041	37	68	96	127	157	188	218	249	20	50	81	111
1938	1990	2042	142	173	201	232	2	33	63	94	125	155	186	216
1939	1991	2043	247	18	46	77	107	138	168	199	230	0	31	61
1940	1992	2044	92	123	151	182	212	243	13	44	75	105	136	166
1941	1993	2045	197	228	256	27	57	88	118	149	180	210	241	11
1942	1994	2046	42	73	101	132	162	193	223	254	25	55	86	116
1943	1995	2047	147	178	206	237	7	38	68	99	130	160	191	221
1944	1996	2048	252	23	51	82	112	143	173	204	235	5	36	66
1945	1997	2049	97	128	156	187	217	248	18	49	80	110	141	171
1946	1998	2050	202	233	1	32	62	93	123	154	185	215	246	16
1947	1999	2051	47	78	106	137	167	198	228	259	30	60	91	121
1948	2000	2052	152	183	211	242	12	43	73	104	135	165	196	226
1949	2001	2053	257	28	56	87	117	148	178	209	240	10	41	71
1950	2002	2054	102	133	161	192	222	253	23	54	85	115	146	176
1951	2003	2055	207	238	6	37	67	98	128	159	190	220	251	21
1952	2004	2056	52	83	111	142	172	203	233	4	35	65	96	126
1953	2005	2057	157	188	216	247	17	48	78	109	140	170	201	231
1954	2006	2058	2	33	61	92	122	153	183	214	245	15	46	76
1955	2007	2059	107	138	166	197	227	258	28	59	90	120	151	181
1956	2008	2060	212	243	11	42	72	103	133	164	195	225	256	26
1957	2009	2061	57	88	116	147	177	208	238	9	40	70	101	131
1958	2010	2062	162	193	221	252	22	53	83	114	145	175	206	236
1959	2011	2063	7	38	66	97	127	158	188	219	250	20	51	81
1960	2012	2064	112	143	171	202	232	3	33	64	95	125	156	186
1961	2013	2065	217	248	16	47	77	108	138	169	200	230	1	31

太陽の紋章		
KIN	名称	音
105	赤い蛇	音 1
106	白い世界の橋渡し	音 2
107	青い手	音 3
108	黄色い星	音 4
109	赤い月	音 5
110	白い犬	音 6
111	青い猿	音 7
112	黄色い人	音 8
113	赤い空歩く人	音 9
114	白い魔法使い	音 10
115	青い鷲	音 11
116	黄色い戦士	音 12
117	赤い地球	音 13
118	白い鏡	音 1
119	青い嵐	音 2
120	黄色い太陽	音 3
121	赤い龍	音 4
122	白い風	音 5
123	青い夜	音 6
124	黄色い種	音 7
125	赤い蛇	音 8
126	白い世界の橋渡し	音 9
127	青い手	音 10
128	黄色い星	音 11
129	赤い月	音 12
130	白い犬	音 13
131	青い猿	音 1
132	黄色い人	音 2
133	赤い空歩く人	音 3
134	白い魔法使い	音 4
135	青い鷲	音 5
136	黄色い戦士	音 6
137	赤い地球	音 7
138	白い鏡	音 8
139	青い嵐	音 9
140	黄色い太陽	音 10
141	赤い龍	音 11
142	白い風	音 12
143	青い夜	音 13
144	黄色い種	音 1
145	赤い蛇	音 2
146	白い世界の橋渡し	音 3
147	青い手	音 4
148	黄色い星	音 5
149	赤い月	音 6
150	白い犬	音 7
151	青い猿	音 8
152	黄色い人	音 9
153	赤い空歩く人	音 10
154	白い魔法使い	音 11
155	青い鷲	音 12
156	黄色い戦士	音 13

太陽の紋章		
KIN	名称	音
157	赤い地球	音 1
158	白い鏡	音 2
159	青い嵐	音 3
160	黄色い太陽	音 4
161	赤い龍	音 5
162	白い風	音 6
163	青い夜	音 7
164	黄色い種	音 8
165	赤い蛇	音 9
166	白い世界の橋渡し	音 10
167	青い手	音 11
168	黄色い星	音 12
169	赤い月	音 13
170	白い犬	音 1
171	青い猿	音 2
172	黄色い人	音 3
173	赤い空歩く人	音 4
174	白い魔法使い	音 5
175	青い鷲	音 6
176	黄色い戦士	音 7
177	赤い地球	音 8
178	白い鏡	音 9
179	青い嵐	音 10
180	黄色い太陽	音 11
181	赤い龍	音 12
182	白い風	音 13
183	青い夜	音 1
184	黄色い種	音 2
185	赤い蛇	音 3
186	白い世界の橋渡し	音 4
187	青い手	音 5
188	黄色い星	音 6
189	赤い月	音 7
190	白い犬	音 8
191	青い猿	音 9
192	黄色い人	音 10
193	赤い空歩く人	音 11
194	白い魔法使い	音 12
195	青い鷲	音 13
196	黄色い戦士	音 1
197	赤い地球	音 2
198	白い鏡	音 3
199	青い嵐	音 4
200	黄色い太陽	音 5
201	赤い龍	音 6
202	白い風	音 7
203	青い夜	音 8
204	黄色い種	音 9
205	赤い蛇	音 10
206	白い世界の橋渡し	音 11
207	青い手	音 12
208	黄色い星	音 13

太陽の紋章		
KIN	名称	音
209	赤い月	音 1
210	白い犬	音 2
211	青い猿	音 3
212	黄色い人	音 4
213	赤い空歩く人	音 5
214	白い魔法使い	音 6
215	青い鷲	音 7
216	黄色い戦士	音 8
217	赤い地球	音 9
218	白い鏡	音 10
219	青い嵐	音 11
220	黄色い太陽	音 12
221	赤い龍	音 13
222	白い風	音 1
223	青い夜	音 2
224	黄色い種	音 3
225	赤い蛇	音 4
226	白い世界の橋渡し	音 5
227	青い手	音 6
228	黄色い星	音 7
229	赤い月	音 8
230	白い犬	音 9
231	青い猿	音 10
232	黄色い人	音 11
233	赤い空歩く人	音 12
234	白い魔法使い	音 13
235	青い鷲	音 1
236	黄色い戦士	音 2
237	赤い地球	音 3
238	白い鏡	音 4
239	青い嵐	音 5
240	黄色い太陽	音 6
241	赤い龍	音 7
242	白い風	音 8
243	青い夜	音 9
244	黄色い種	音 10
245	赤い蛇	音 11
246	白い世界の橋渡し	音 12
247	青い手	音 13
248	黄色い星	音 1
249	赤い月	音 2
250	白い犬	音 3
251	青い猿	音 4
252	黄色い人	音 5
253	赤い空歩く人	音 6
254	白い魔法使い	音 7
255	青い鷲	音 8
256	黄色い戦士	音 9
257	赤い地球	音 10
258	白い鏡	音 11
259	青い嵐	音 12
260	黄色い太陽	音 13

早見表3

ウェイブ・スペル	
KIN	名称
1～13	赤い龍
14～26	白い魔法使い
27～39	青い手
40～52	黄色い太陽
53～65	赤い空歩く人
66～78	白い世界の橋渡し
79～91	青い嵐
92～104	黄色い人
105～117	赤い蛇
118～130	白い鏡
131～143	青い猿
144～156	黄色い種
157～169	赤い地球
170～182	白い犬
183～195	青い夜
196～208	黄色い戦士
209～221	赤い月
222～234	白い風
235～247	青い鷲
248～260	黄色い星

早見表2

太陽の紋章		
KIN	名称	音
1	赤い龍	音1
2	白い風	音2
3	青い夜	音3
4	黄色い種	音4
5	赤い蛇	音5
6	白い世界の橋渡し	音6
7	青い手	音7
8	黄色い星	音8
9	赤い月	音9
10	白い犬	音10
11	青い猿	音11
12	黄色い人	音12
13	赤い空歩く人	音13
14	白い魔法使い	音1
15	青い鷲	音2
16	黄色い戦士	音3
17	赤い地球	音4
18	白い鏡	音5
19	青い嵐	音6
20	黄色い太陽	音7
21	赤い龍	音8
22	白い風	音9
23	青い夜	音10
24	黄色い種	音11
25	赤い蛇	音12
26	白い世界の橋渡し	音13
27	青い手	音1
28	黄色い星	音2
29	赤い月	音3
30	白い犬	音4
31	青い猿	音5
32	黄色い人	音6
33	赤い空歩く人	音7
34	白い魔法使い	音8
35	青い鷲	音9
36	黄色い戦士	音10
37	赤い地球	音11
38	白い鏡	音12
39	青い嵐	音13
40	黄色い太陽	音1
41	赤い龍	音2
42	白い風	音3
43	青い夜	音4
44	黄色い種	音5
45	赤い蛇	音6
46	白い世界の橋渡し	音7
47	青い手	音8
48	黄色い星	音9
49	赤い月	音10
50	白い犬	音11
51	青い猿	音12
52	黄色い人	音13

太陽の紋章		
KIN	名称	音
53	赤い空歩く人	音1
54	白い魔法使い	音2
55	青い鷲	音3
56	黄色い戦士	音4
57	赤い地球	音5
58	白い鏡	音6
59	青い嵐	音7
60	黄色い太陽	音8
61	赤い龍	音9
62	白い風	音10
63	青い夜	音11
64	黄色い種	音12
65	赤い蛇	音13
66	白い世界の橋渡し	音1
67	青い手	音2
68	黄色い星	音3
69	赤い月	音4
70	白い犬	音5
71	青い猿	音6
72	黄色い人	音7
73	赤い空歩く人	音8
74	白い魔法使い	音9
75	青い鷲	音10
76	黄色い戦士	音11
77	赤い地球	音12
78	白い鏡	音13
79	青い嵐	音1
80	黄色い太陽	音2
81	赤い龍	音3
82	白い風	音4
83	青い夜	音5
84	黄色い種	音6
85	赤い蛇	音7
86	白い世界の橋渡し	音8
87	青い手	音9
88	黄色い星	音10
89	赤い月	音11
90	白い犬	音12
91	青い猿	音13
92	黄色い人	音1
93	赤い空歩く人	音2
94	白い魔法使い	音3
95	青い鷲	音4
96	黄色い戦士	音5
97	赤い地球	音6
98	白い鏡	音7
99	青い嵐	音8
100	黄色い太陽	音9
101	赤い龍	音10
102	白い風	音11
103	青い夜	音12
104	黄色い種	音13

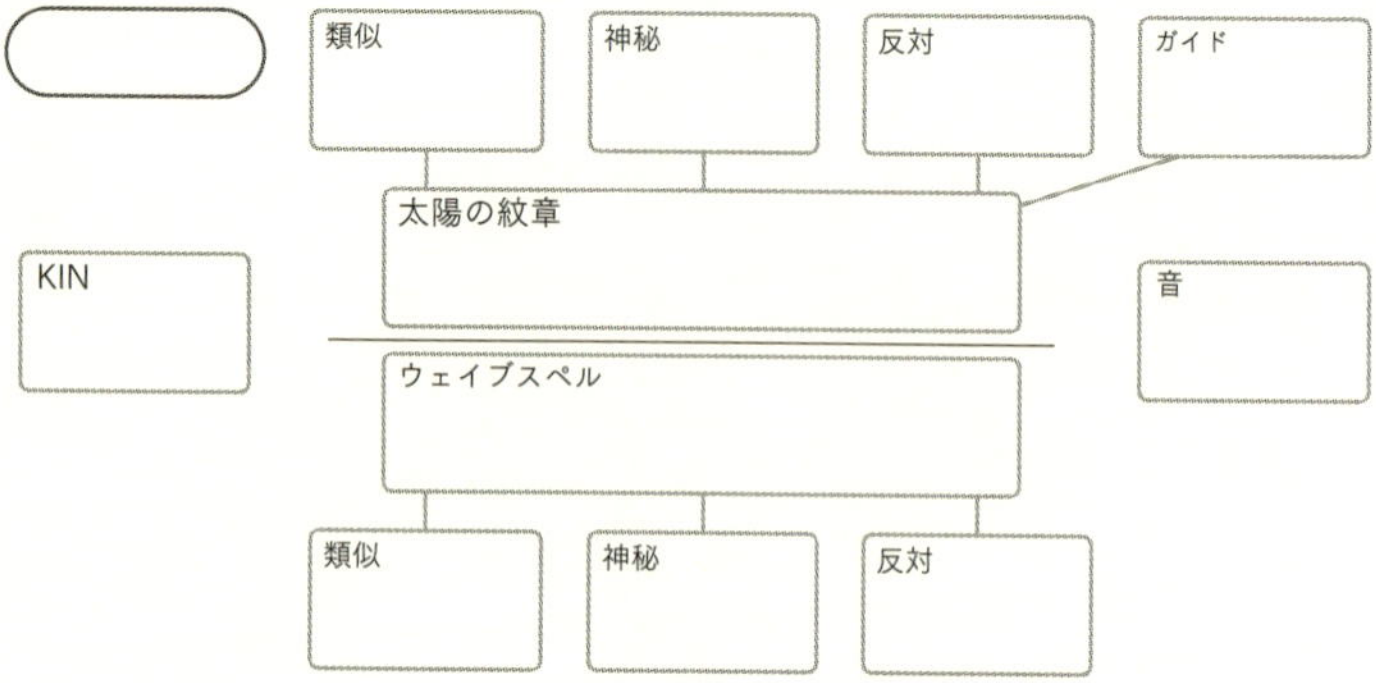
類似
神秘
反対
ガイド
太陽の紋章
KIN
音
ウェイブスペル
類似
神秘
反対

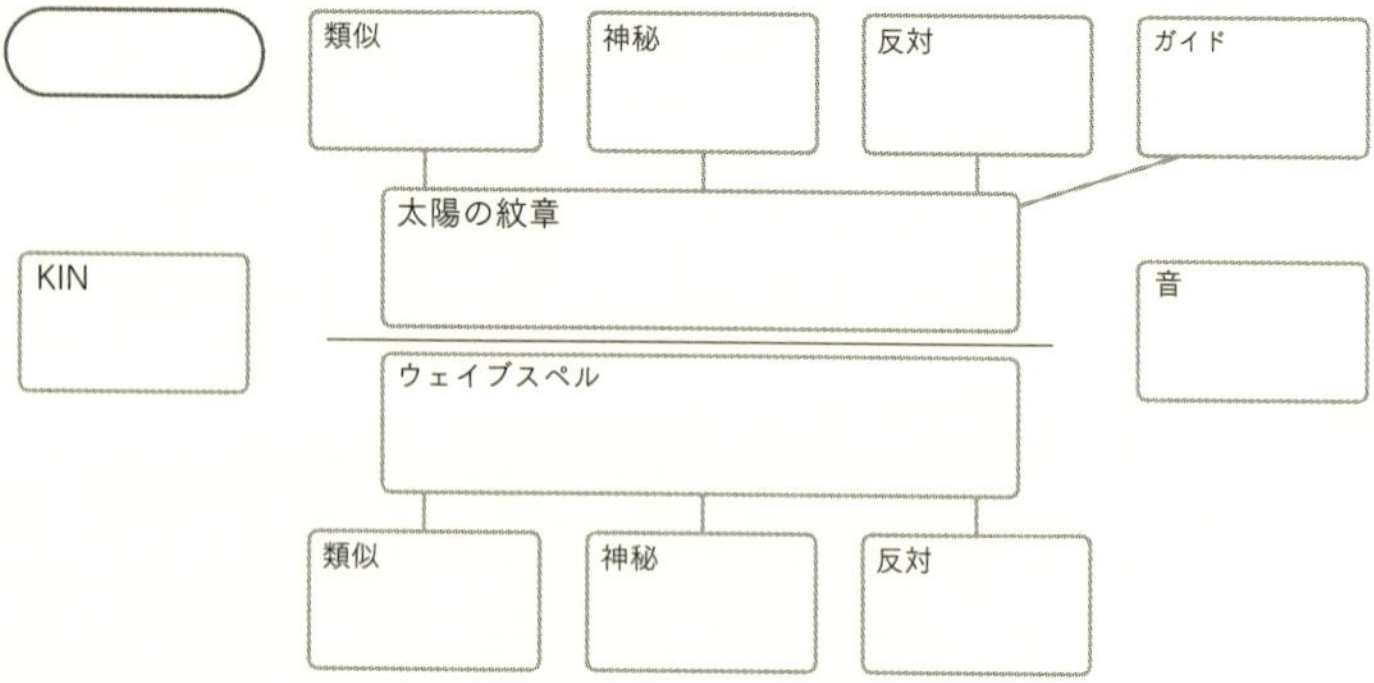
類似
神秘
反対
ガイド
太陽の紋章
KIN
音
ウェイブスペル
類似
神秘
反対

音の関係

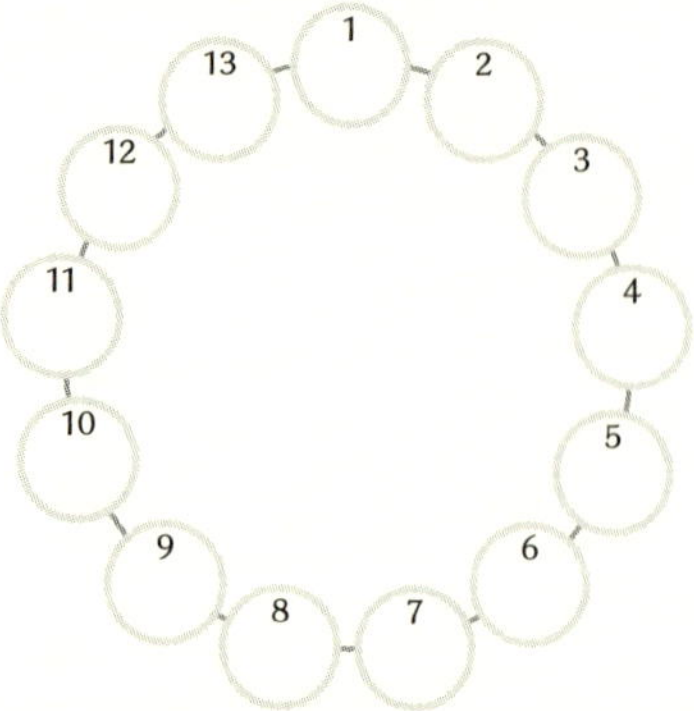
1
2
3
4
5
6
7
8
9
10
11
12
13

関係性がわかる書き込み表

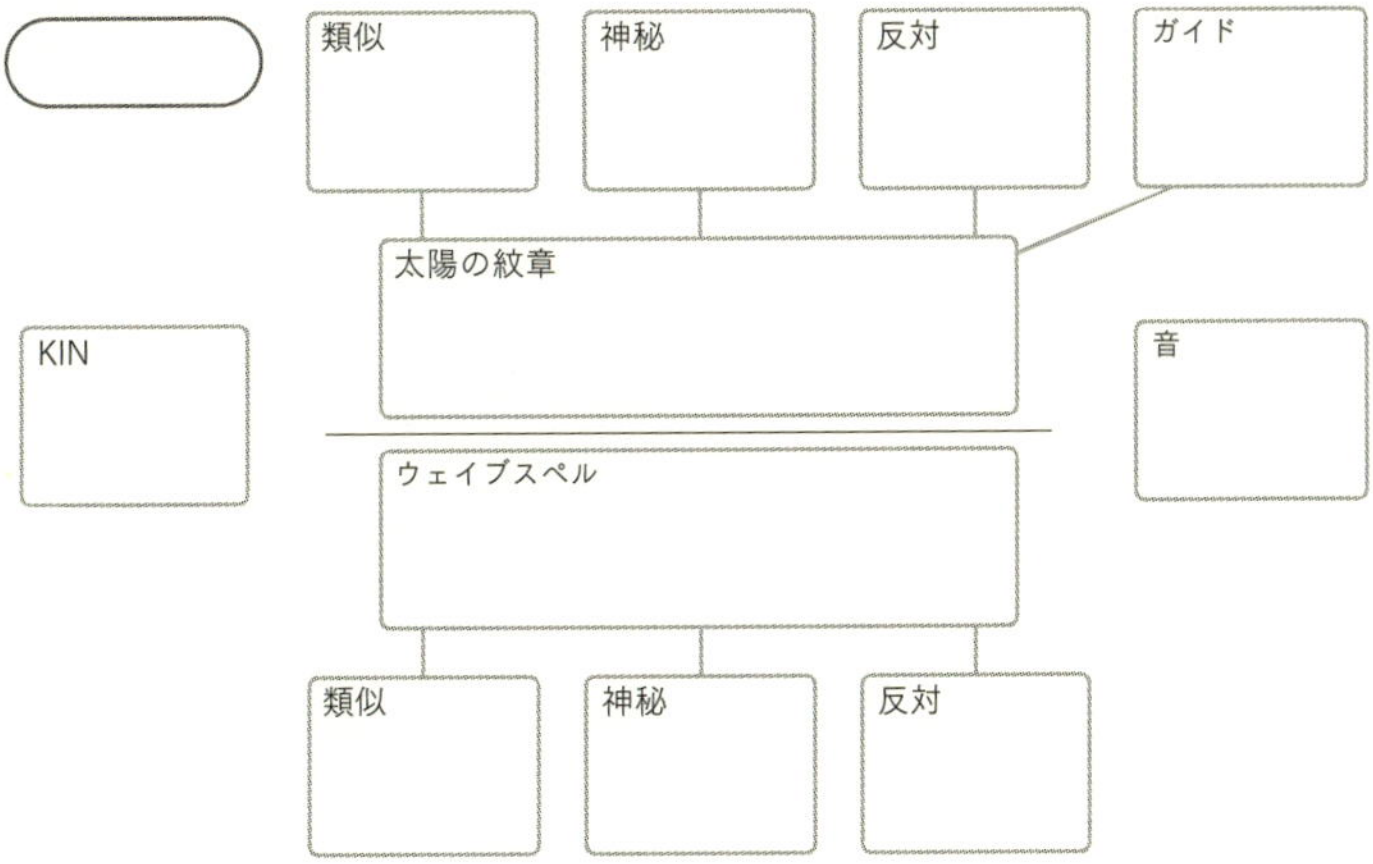

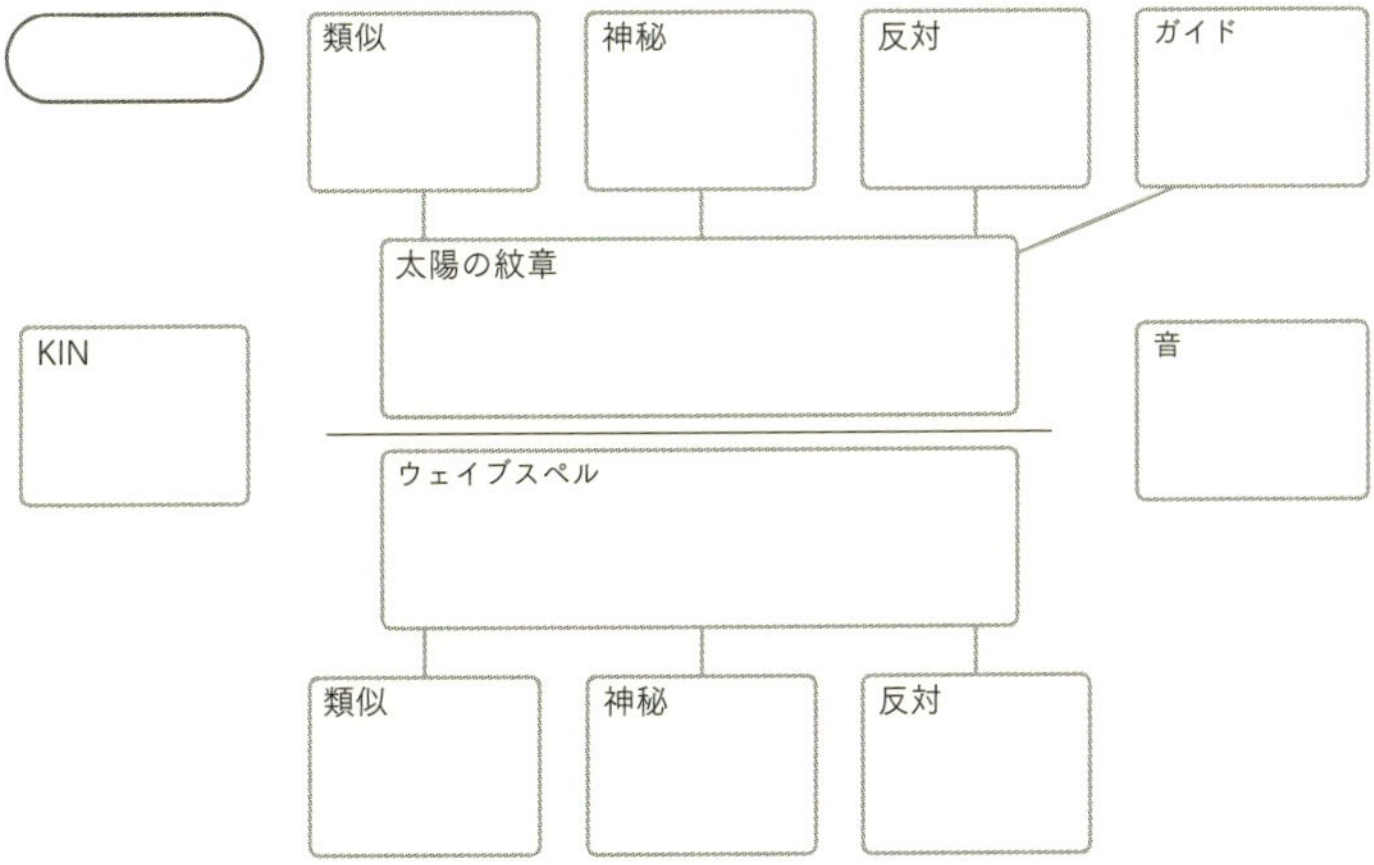

著者紹介

木田景子
（KIN188　黄色い星　青い夜　音6）

一般社団法人ライブラリープランニング代表。マヤ暦部門「マヤンレメディ養成講座」講師。

1万2000人を超えるメルマガ読者を誇る。著書に『幸運が舞いおりる「マヤ暦」の秘密』（小社刊）がある。『マヤ暦のすごい誕生日』（三笠書房）の著者Akemi氏と共に協会を運営している。

公式HP https://lipla.or.jp/

すべての人間関係《にんげんかんけい》の秘密《ひみつ》を解《と》き明《あ》かす
「マヤ暦《れき》」でわかる相性《あいしょう》

2019年9月30日　第1刷
2024年1月30日　第2刷

著　者　木《き》田《だ》景《けい》子《こ》

発行者　小澤源太郎

責任編集　株式会社 プライム涌光
電話　編集部　03(3203)2850

発行所　株式会社 青春出版社
東京都新宿区若松町12番1号 〒162-0056
振替番号　00190-7-98602
電話　営業部　03(3207)1916

印　刷　中央精版印刷　　製　本　大口製本

万一、落丁、乱丁がありました節は、お取りかえします。

ISBN978-4-413-23133-6 C0076

好評既刊
マヤ暦のことをより深く知りたい方へ

幸運が舞いおりる「マヤ暦」の秘密

あなたの誕生日に隠された運命を開くカギ

目に見えない力の後押し、引き寄せられる幸運、
人生の波がつかめるようになる！

マヤ暦が示す「運命の法則」

ISBN 978-4-413-23070-4 1380円

お願い　ページわりの関係からここでは一部の既刊本しか掲載してありません。折り込みの出版案内もご参考にご覧ください。

※上記は本体価格です。（消費税が別途加算されます）
※書名コード（ISBN）は、書店へのご注文にご利用ください。書店にない場合、電話またはFax（書名・冊数・氏名・住所・電話番号を明記）でもご注文いただけます（代金引換宅急便）。商品到着時に定価＋手数料をお支払いください。〔直販係　電話03-3203-5121　Fax03-3207-0982〕
※青春出版社のホームページでも、オンラインで書籍をお買い求めいただけます。ぜひご利用ください。〔http://www.seishun.co.jp/〕